Celos retrospectivos

Transforma tu sufrimiento en energía y supera el pasado de tu pareja

Ryder Winchester

© **Copyright 2020 - Todos los derechos reservados.**

El contenido en este libro no puede reproducirse, duplicarse o transmitirse sin el permiso directo por escrito del autor o del editor.

Bajo ninguna circunstancia se tendrá la culpa o responsabilidad legal contra el editor o el autor por daños, reparaciones o pérdidas monetarias debido a la información contenida en este libro, ya sea directa o indirectamente.

Aviso Legal:

Este libro está protegido por derechos de autor. Es solo para uso personal. No se puede modificar, distribuir, vender, usar, citar o parafrasear ninguna parte o el contenido de este libro sin el consentimiento del autor o editor.

Aviso de Exención de Responsabilidad:

Tenga en cuenta que la información contenida en este documento es solo para fines educativos y de entretenimiento. Todo el esfuerzo se ha ejecutado para presentar información precisa, actualizada, confiable y completa. No se declaran ni implican garantías de ningún tipo. Los lectores reconocen que el autor no participa en la prestación de asesoramiento legal, financiero, médico o profesional. El contenido de este libro se ha derivado de varias fuentes. Consulte a un profesional con licencia antes de intentar cualquier técnica descrita en este libro.

Al leer este documento, el lector acepta que en ningún caso el autor es responsable de las pérdidas, directas o indirectas, que se incurran como resultado del uso de la información contenida en este documento, incluidos, entre otros, errores, omisiones o inexactitudes.

Descarga GRATIS la versión audio de este libro (en inglés)

Puedes disfrutar de este libro también en formato de audio. Si te gusta escuchar audiolibros en tu vida cotidiana, tengo grandes noticias para ti. Puedes descargar la versión audio de este libro (en inglés) completamente GRATIS con solo registrarte en una prueba GRATUITA de 30 días con Audible. Más detalles a continuación:

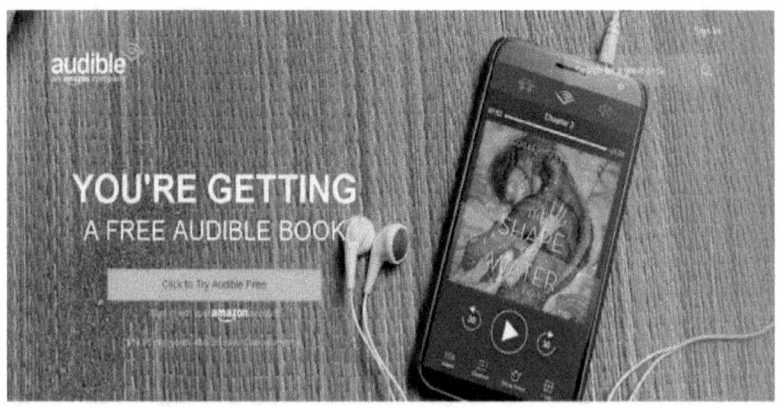

Beneficios de la prueba gratuita de Audible

Como cliente de Audible, recibirás los siguientes beneficios con tu prueba gratuita de 30 días:

- Copia gratuita de este libro en formato audio (en inglés).

- Después de la prueba gratuita, recibirás 1 crédito por mes para usar en cualquier audiolibro.

- Tus créditos se acumularán automáticamente al mes siguiente si no los usas.

- Elige entre más de 400.000 títulos.

- Escucha audiolibros donde quieras con la aplicación de Audible para múltiples dispositivos.

- Puedes cambiar fácilmente y sin problemas los audiolibros que no te gusten.

- Conserva tus audiolibros para siempre, incluso si cancelas tu suscripción.

- ¡Y mucho más!

Haz clic en los siguientes enlaces:

AUDIBLE EE.UU.

bit.ly/retroactivejealousylisten

AUDIBLE Reino Unido

bit.ly/retroactivejealousylistenuk

¡Bonus!

¿No te gustaría tener aún más motivación, inspiración y valor en tu camino hacia una vida libre de celos retrospectivos? A modo de agradecimiento desde lo más profundo de mi corazón, te concedo acceso GRATUITO a un audio de meditación guiada de diez minutos (en inglés). La gratitud es la clave de toda la abundancia y la alegría en tu vida y se manifiesta en una plétora de amor y luz. Practicar esta meditación ha enriquecido mi vida de gran manera y ha sido una pieza clave para librarme de las cadenas de los celos retrospectivos. Sé que hará lo mismo por ti.

¿Te has cansado de los desencadenantes y el sufrimiento en tus relaciones?

- Destruye los patrones de pensamiento negativos con el poder de la gratitud

- Sana tus conflictos internos y líbrate de los celos retrospectivos

- Enriquece tu relación de pareja para volver a disfrutar de la vida

Haz clic aquí para obtener tu meditación guiada de 10 minutos en formato MP3 ¡GRATIS! (En inglés):

bit.ly/retroactivejealousymp3

Esta meditación me ha ayudado inmensamente cuando sentía que no tenía control sobre mis celos retrospectivos y se adueñaban de mi vida. Sentir gratitud por todo lo hermoso que ya tenía en mi vida me libró del sufrimiento y atrajo más cosas maravillosas. ¡Sé que estas palabras te servirán de guía para encontrar tu libertad y tu destino con valentía y determinación!

Por favor, deja una reseña

Desde lo más profundo de mi corazón, quiero agradecerte por haber leído este libro. Realmente espero que te ayude a librarte de los *celos retrospectivos* y a vivir una vida más feliz y empoderada. Si te ha sido de ayuda, me gustaría pedirte un favor. ¿Serías tan amable de dejar una reseña de este libro en Amazon? Lo apreciaría muchísimo y sé que tendrá un impacto en las vidas de otras personas que sufren de *celos retrospectivos* en todo el mundo y les dará esperanzas y sanación.

Ellas sufren, al igual que tú y yo hemos sufrido, y podemos ayudarlas a superarlo juntos.

Leo **TODAS** las reseñas que recibo y cada una de ellas me ayuda a ser un mejor escritor, más informado y compasivo.

¡Muchas gracias y buena suerte!

Ryder Winchester

Tabla de contenido

Introducción 1
   ¿Qué son los celos retrospectivos?... 2
   Antes de comenzar 3

Capítulo 1: Mi historia.. 6

Capítulo 2: Aceptar la responsabilidad y asumir tus problemas 13

Capítulo 3: Enfrenta tus problemas principales 16

Capítulo 4: Lidiar con los desencadenantes 22
   ¡No hables de ello!... 24
   Mantén un registro de tus desencadenantes..................... 24
   Meditación y espiritualidad... 25

Capítulo 5: Acción positiva y adicciones positivas . 28
   Afirmaciones.. 30
   Afirmaciones positivas de crecimiento personal 31

Capítulo 6: Cambia la manera en la que te percibes 32
   Deja de compararte con los demás 39

Capítulo 7: La felicidad es poder 41
   Piensa en metas que evoquen felicidad 42
   Felicidad a través de la gratitud 43
   Felicidad a través de actividades.. 46

Capítulo 8: Busca a los grandes maestros.............. 48
   Encuentra un buen terapeuta... 49

Capítulo 9: Cuando los demás no entienden de celos retrospectivos 51

Capítulo 10: Lidiar con las consecuencias 54

Pide disculpas 54

Cuando los demás no aceptan tus disculpas 55

Capítulo 11: La vida después de los celos retrospectivos 57

El universo te pone a prueba 58

En conclusión 61

Introducción

Si estás leyendo este libro, ¡enhorabuena! Has decidido que es el momento de cambiar. Estás listo para empoderarte y recuperar el control de tu vida. Este libro es un recuento detallado, profundo y brutalmente honesto de mi experiencia con los celos retrospectivos, desde sus inicios inocentes y vulnerables hasta su épica derrota final. Este libro es también una extensa guía sobre cómo le hice frente a esa bestia traicionera y con el tiempo la transformé en energía y fuerza interior. A riesgo de ofenderte a ti, lector, que sufres de celos retrospectivos, comparto esta verdad contigo: los celos retrospectivos son una de las mejores cosas que me han pasado en la vida. En este momento, puede parecerte algo imposible; incluso puede hacerte enojar. Sin embargo, una vez que hayas pasado por una transformación positiva, un día sentirás una profunda gratitud por haber pasado por tanto sufrimiento. Sanarme y vencer los celos retrospectivos me permitieron crecer a nivel físico, espiritual y mental. A pesar de que su poderío me causó mucho dolor, sufrimiento y desesperación, vencerlos hizo florecer una versión más amorosa, fuerte, paciente, reflexiva y segura de mí mismo. Volví a nacer entre las cenizas de los celos retrospectivos y desplegué mis alas hacia un futuro más prometedor que nunca habría conocido si no hubiera sufrido como sufrí.

¿Qué son los celos retrospectivos?

Si has elegido este libro, es probable que no necesites una explicación de qué son los celos retrospectivos. Sin embargo, si otra persona hace una descripción de sus síntomas y características, te hará sentir que no estás solo en esto, ya que es muy probable que te hayas sentido así en el pasado. Tal vez tu pareja, tus amistades y familiares se sientan confundidos por tu aflicción y eso te da menos esperanzas. Pero no estás solo. Hay miles de personas en todo el mundo que sufren (y han sufrido) este dolor al igual que tú. Los celos retrospectivos son una obsesión o curiosidad aparentemente incontrolable con la vida amorosa y sexual pasada de tu pareja. Esta obsesión hace que quienes la sufren se encierren en un estado de trance y ansiedad, en el que sienten la necesidad de conocer cada detalle del pasado de su pareja. A menudo, estos intentos de extraer información generan gran cantidad de drama y malestar en la pareja. Los pensamientos obsesivos asociados con los celos retrospectivos pueden compararse con los síntomas de un trastorno obsesivo-compulsivo. La mente de quien los padece ingresa en un círculo vicioso de pensamientos intrusivos e hirientes, muchas veces asociados con una relación pasada que su pareja tuvo con otra persona. Estos pensamientos indeseados son en su mayoría producto de la imaginación, ya que la víctima crea una imagen mental de esos encuentros pasados. A menudo la pareja de la víctima menciona un pequeño detalle al pasar, la víctima se aferra a ese detalle y lo usa para sacarle más información a su pareja de forma discreta, o lo asocia con otros detalles para crear una imagen mental de lo que cree que ha ocurrido en el pasado de su pareja. Estas situaciones pasadas, supuestas o imaginarias, muchas veces no se basan en lo que realmente sucedió. Estos pensamientos intrusivos y estas acciones aparentemente incontrolables son alimentados por emociones de profundo dolor.

Antes de comenzar

Hay un par de puntos importantes a resaltar antes de que comiences este camino de sanación. Primero, para hacerlo más sencillo, me referiré a los celos retrospectivos como "CR" a lo largo de este libro. Segundo, he hecho el esfuerzo de no dar demasiados detalles que puedan herir la sensibilidad del lector o de quien sufre de CR. Pero como bien sabemos, los desencadenantes tienen vida propia y aparecen cuando les apetece. Los analizaremos con mayor profundidad más adelante. Si en algún momento sientes que todo esto te hace mal, haz algunos de los ejercicios que encontrarás en los capítulos siguientes. Recuerda, si no puedes sentirlo, no puedes sanarlo. Por más dolorosos que sean los desencadenantes, ¡son el secreto para la sanación! Son herramientas secretas (y dolorosas) de crecimiento personal y energía cuando se las emplea de forma estratégica y consciente. Así que, de ahora en más, si esto te afecta ¡piensa que es algo bueno! Tienes una oportunidad para usar ese desencadenante a tu favor y crecer. Tercero, tal vez has escuchado que es imposible librarse de los CR para siempre y que pueden seguir provocándote de vez en cuando. Tal vez es así para muchas personas que han pasado por esto, pero sigue siendo una increíble mejora en su vida personal. Me gustaría que tú, lector, te preguntaras si sigo sufriendo de CR. ¡Para nada! Estoy curado de mis celos al cien por cien y nunca, jamás, me siento afectado por ningún desencadenante. No puedo prometerte que será así para ti, lector, ya que cada persona es única y atravesará este camino de diferente manera. Sí debes saber y darte cuenta de que la sanación absoluta puede lograrse y es posible para ti. Por último, y lo más importante, debes decidir **aquí y ahora** que estás harto de ese sufrimiento que no te deja vivir y estás listo para dejar de proyectar tu dolor en tu pareja, amistades y familia. Tomar la valiente y empoderada decisión de superar tus CR enriquecerá tu vida en maneras que ni te imaginas. Tus proyecciones negativas externas no afectarán más a las vidas de tus amigos y familiares. Te hará una persona más fuerte y compasiva y te dará la capacidad y las herramientas para superar otros problemas aparentemente negativos que puedan surgir en tu vida. En resumen, cuando logres superar tus CR, harás del mundo un mejor lugar. Es lo mejor que he hecho en la vida y quiero que disfrutes de los mismos resultados. No has venido a este mundo para sufrir. Eres un ser único y divino que existe en este mundo por una razón positiva.

Entonces has decidido que el camino para vencer a los celos comienza **ahora mismo**. ¡Aborda este libro con valor, optimismo y deseos de cambiar!

Antes de comenzar, toma estas simples verdades, llévalas siempre contigo y vuélvelas a leer de vez en cuando durante tu proceso de sanación.

1. Un día te irás de este mundo. Todo lo que posees algún día se convertirá en polvo. Tus seres queridos con el tiempo también se irán, así como todos tus logros, tus éxitos, tus premios y tus galardones. No escribí esto para deprimirte, sino todo lo contrario. Lo escribí para inspirarte a entender la realidad de la finitud de las cosas. La vida es muy corta para sufrir de celos. No puedes permitir que todo siga igual. Tienes una vida para disfrutar y compartir tu singularidad y tu amor con el mundo.

2. Cada momento de cada uno de tus días en esta tierra es valioso. No desperdicies momentos valiosos luchando contra demonios imaginarios que tú mismo has creado.
3. Eres una fuerza vital poderosa e inteligente, capaz de manifestar casi cualquier cosa en tu mundo.
4. Eres un ser humano único. Existe solo uno como tú. Eres la única persona en este mundo que tiene tus huellas dactilares. Eres una creación preciosa y poderosa.
5. Todos los seres humanos estamos conectados. Tienes los mismos miedos, dolores, emociones y necesidades que cualquier otro ser humano.

Capítulo 1: Mi historia

Parecía destruir cada relación de pareja en la que había estado involucrado. No por motivos de infidelidad o de incompatibilidad, ni siquiera por peleas, por aburrimiento o por necesidad de espacio personal. Todas las relaciones terminaron por culpa de un estado de trance que carcomía todo mi ser con bastante frecuencia. Como si estuviera poseído por un ente demoníaco. Me volví súper celoso, tan observador como un investigador privado. Me convertí en un manipulador ágil, intenso y sagaz. Una oleada de energía cargada de ansiedad recorría todo mi cuerpo, subía por los pies, pasaba por el estómago, hasta llegar a la garganta. Perdía el control de mis pensamientos y de mis palabras. Todos estos síntomas parecían ser causados por mi obsesión con el pasado de mi pareja. Atormentaba a mis parejas con preguntas personales sobre sus relaciones pasadas. No dejaba rincón sin revisar y las obsesiones se enconaban por días, semanas, meses e incluso años. Un sinnúmero de pensamientos e imágenes mentales del pasado de mi pareja corrían por mi mente a cada minuto sin descanso. Cuando finalmente lograba conciliar el sueño, caía víctima de una arremetida de pesadillas en donde esos encuentros pasados imaginarios se reproducían en mi mente como una película. Al despertar, le echaba la culpa a mi pareja, la insultaba y empleaba toda clase de términos despectivos en su contra. No era lo suficientemente consciente como para controlar mis ataques hacia el mundo y hacia las personas a mi alrededor. Como resultado, personas maravillosas dejaron de formar parte de mi vida. Me sentía enfermo, como si tuviera alguna clase de enfermedad en las venas.

No fue hasta mis veintitantos, cuando estaba en una relación seria, que me di cuenta de que este comportamiento no era normal y que no cumplía con mis estándares y valores de lo que es aceptable y adecuado. Hasta este punto, no podía imaginar cómo alguien podía **no** estar de acuerdo conmigo y aceptar el hecho de que su pareja haya tenido otra relación íntima en el pasado. Después de una pelea particularmente atroz causada por los celos retrospectivos, la vi tan molesta y decepcionada que me obligó a darme cuenta por primera vez que mi forma de pensar no era sensata y estaba alimentada por mis celos. Después de esa epifanía, supe que no quería perder a ningún otro ser querido en mi vida, y en el fondo sabía que era momento de cambiar.

Conocí a Sarah cuatro años antes de que comenzáramos nuestra relación. Nos vimos por primera vez en la fiesta de un amigo en común y nos hicimos amigos al instante. Como nuestra amistad duró muchos años antes de convertirse en relación, sabía mucho de su vida amorosa y sus encuentros románticos; más adelante usé esa información a modo de contraataque en mis arrebatos de celos. A medida que la relación progresaba y nos hicimos pareja, la cuestionaba más y más sobre su pasado, armaba una línea temporal imaginaria y creaba mis propias imágenes mentales de lo que creía que había sucedido, con datos que averiguaba de manera disimulada y no tan disimulada. Al comienzo de la relación, cada vez que preguntaba sobre algo, ella inocentemente respondía. Esa nueva información provocaba un arrebato de inseguridad emocional que la dejaba confundida y consternada. Ella aprendió rápidamente y sabía cuando intentaba sacar información sobre su pasado, así que se cerró y actuaba con cautela para no empeorar mi estado de celos.

Por culpa de esto, construimos límites y barreras emocionales en una etapa muy temprana de la relación. Esas barreras bloquearon gran parte del verdadero potencial de nuestra conexión. No pasaba un día sin que me obsesionara con uno de sus exnovios. Ahondaba tan profundamente en su pasado que ni siquiera ella se acordaba de ciertos detalles. Ataba cabos por ella y creaba mis propias películas imaginarias, listas para ser exhibidas sin parar en el cine Celos Retroactivos en mi cabeza. Tomaba nota mental de todo lo que ella decía y lo usaba en su contra. Nuestras peleas se volvieron cada vez más frecuentes y más intensas, llegando casi siempre al punto de la separación. La idea de terminar con la relación me daba una sensación de alivio inmenso, porque no tendría que pensar más en su pasado y podría dejarla ir. En realidad, estaba intentando dejar ir al pasado que había imaginado en mi mente, no a ella. En ese momento no era lo suficientemente consciente como para darme cuenta de que, si terminaba la relación, la sensación de alivio sería muy, muy breve. Me libraría de los CR por un tiempo. Sin embargo, tan pronto comenzara una nueva relación y esas sensaciones tan familiares y excitantes volvieran a aparecer, también regresarían los desencadenantes de los CR, la impotencia y el drama catastrófico. Gracias al cielo conocí a una mujer de gran fortaleza que no se iría de mi lado y que prometió acompañarme en este proceso sin importar lo difíciles que fueran las cosas, incluso cuando dije que nunca podría curarme (si sufres de CR, a veces se siente así). Si tu pareja no te apoya de esta manera, no te preocupes. El problema no es ella; el cambio comienza dentro de ti, tengas o no un sistema de apoyo o el acompañamiento de un ser querido. El problema no era Sarah, el problema estaba en mí. Tenía que llegar hasta lo más profundo de mi sufrimiento. ¿Por qué me preocupaba tanto por sus exparejas? ¿Por qué me importaban tanto los detalles de estos hombres al punto de una obsesión enfermiza? La búsqueda de estas respuestas me llevó a descubrir muchas cosas sobre mí mismo, sobre quién era y lo que realmente quería en la vida. Pero primero, debía no solo reprimir el dolor para ver con claridad y poder crecer, sino también ir hasta la raíz de ese dolor y arrancarlo con mis propias manos. Después de cierto tiempo, mucha introspección y dedicación, pude mejorar. Desde entonces nunca he sido más feliz.

Mi proceso de sanación comenzó con la epifanía ya mencionada: la manera en la que actuaba no estaba bien y no hacía más placentera mi vida o la de mi pareja. Esto llevó a una exhaustiva búsqueda en internet, donde intentaba encontrar lo que fuera sobre personas que sufrieran de celos y tuvieran síntomas similares a los míos. En ese momento logré un hallazgo revolucionario: este tipo de celos tenía un nombre; celos retrospectivos. Hasta ese punto, pensaba que mi conducta era la de una típica escena de celos. Seguro ya te has dado cuenta que los CR no son simples celos de pareja. Saber que no estaba solo en esto fue un alivio inmenso. Encontré muchos recursos útiles e incluso descubrí un grupo de Facebook de personas que sufren de CR. Sin embargo, también encontré mucha información contraproducente y desconsiderada y "ayuda" en línea que obviamente no fue creada por alguien que sufrió de CR. La clase de artículos llenos de palabrería poco útil del estilo de "su pasado no es importante, solo tienes que superarlo; todos hemos hecho cosas en el pasado". Seguramente has descubierto que consejos así son, en el mejor de los casos, efímeras palabras de aliento, pero que pueden convertirse rápidamente en desencadenantes.

A medida que encontraba más y más personas de todo el mundo que habían sufrido de CR, me invadió una sensación de espíritu de lucha y optimismo que me decía: "¡puedo lograrlo! ¡Puedo superarlo!". En el pasado, había proclamado la misma frase de siempre, "nunca voy a mejorar". Pero todo lo que digas se hará realidad. Rápidamente comencé a cambiar este lenguaje interno. Cambiar mis pensamientos negativos fue un gran aliado en mi recuperación. Me volvía cada vez más consciente de mis emociones y actitudes y cuestionaba cada aspecto de mis estados emocionales. Mediante mucha lectura y mucho estudio, comencé a entenderme mejor a mí mismo. Uno de los aspectos de mi persona de los que tomé conciencia fueron las intensas sensaciones de miedo y ansiedad que sentía cuando salía por las noches. Siempre había experimentado esas sensaciones, pero siempre bajo la superficie, y no era consciente de ellas. Mientras más indagaba por qué me sentía así, comenzaron a surgir recuerdos de mi niñez, cuando niños más grandes que yo eran violentos conmigo. Un familiar me recomendó que viera a un terapeuta. Durante mis sesiones con el terapeuta, descubrí que esos sentimientos de miedo y estrés bajo la superficie afectaban gran parte de mi vida, no solo cuando salía a la calle de noche y me sentía vulnerable. Inconscientemente, había acarreado a mi vida adulta las cicatrices emocionales y el miedo infligidos sobre mí de niño. Este descubrimiento me hizo darme cuenta de la razón por la que siempre me sentía tan pequeño y débil en comparación con los exnovios de mi pareja (a quienes imaginaba, me decía a mí mismo, más fuertes, más altos y con un físico más impresionante que el mío). Poco a poco todo comenzó a tener sentido. Mis miedos, mis debilidades, mi sensación de vulnerabilidad. Todo emanaba de este simple problema de inseguridad. Si en mi juventud hubiera pasado por momentos en los que me hubiera sentido fuerte, valiente y heroico, en lugar de débil y oprimido, es probable que hubiera acarreado esto a mi mente subconsciente adulta y seguramente los CR nunca hubieran sido parte de mí. Era evidente; mucho de lo que había sufrido de adulto fue un resultado directo de ciertas experiencias de mi niñez. Tuve que corregir estos hábitos subconscientes tóxicos que estaban tirándome abajo. Tiempo después, me conectaría con mi niño interior.

Un libro que me ayudó a sanar a mi niño interior fue <u>Healing the Shame that Binds You [Sanar la vergüenza que nos domina] de John Bradshaw</u>.

Había descubierto que, ya de adulto, muchas de mis inseguridades venían del hecho de que me sentía débil, frágil y vulnerable por dentro. Este gran hallazgo me permitió saber con lo que estaba lidiando. Podía hacerle frente a esta batalla con su polo opuesto. Si me sentía débil, tenía que buscar la manera de sentirme fuerte. Si sentía vergüenza, tenía que combatirla con confianza. Si sentía miedo, tenía que combatirlo con valor.

Te brindo toda esta información con la esperanza de que buscarás en lo más profundo de tu alma para encontrar exactamente lo que te hace ser una persona tan insegura. Es probable que surja de una experiencia de tu infancia. Te recomiendo que busques a un terapeuta y permitas que te ayude a conectarte con tu niño interior. Existen muchas experiencias de vida que pueden convertirte en un adulto que no se siente cómodo en su propia piel, con inseguridades tan poderosas que pueden invocar demonios como los celos retrospectivos. Con el tiempo, trabajé en mis problemas de debilidad al unirme a una clase de Muay Thai (literalmente me convertí en un luchador), ser miembro de un gimnasio y volver a entrenar mi mente subconsciente para reemplazar los pensamientos negativos por afirmaciones de confianza y poder.

Con toda esa nueva información, un terapeuta maravilloso y un nuevo entendimiento de mí mismo, tenía que comenzar a sanar muchas partes de mí. Después de casi 18 meses de un incansable trabajo de transformación dedicado y estratégico, me liberé, de hecho, de las garras traicioneras de los CR. Los desencadenantes seguían intentando captar toda mi atención, pero sus esfuerzos eran en vano. Era bueno a la hora de ignorar los desencadenantes y enfocarme en lo positivo, y ocupaba mi mente con pensamientos y actividades geniales y motivadoras. Hoy en día, después de cierto tiempo, estoy 100% libre de desencadenantes, de pensamientos intrusivos de CR y de ese drama destructivo que los acompaña. ¡Tú también puedes lograrlo! Mi relación de pareja nunca ha estado mejor. ¡Sigue leyendo con ganas!

Capítulo 2: Aceptar la responsabilidad y asumir tus problemas

A mis veinticinco años, caí en la cuenta de que no era normal comportarse de la manera en la que me comportaba. Me di cuenta de que la forma como trataba a los demás a mi alrededor no era aceptable, y por primera vez acepté que realmente tenía un problema. En el pasado, mi perspectiva, infundada en los CR, era de alguien que no entendía cómo nadie más se indignaba por el pasado amoroso de su pareja. Ahora, mi perspectiva de sanación acepta ese pasado tal como es y es fuente de amor y crecimiento. Es normal para un hombre o una mujer molestarse o sentir celos cuando escucha hablar de las relaciones pasadas de su pareja. Sin embargo, para quien sufre de CR, los celos pueden arrebatarte la alegría y atormentarte cuando toman el control y subestiman tu modo de vida. Caer en las garras de los celos retrospectivos es como una terrible pesadilla.

Debes aceptar toda la responsabilidad por los CR que sientes. El problema no es de tu pareja, es tuyo. Tu pareja tampoco tiene la culpa de tu aflicción. Debes hacerte cargo y aceptarlo para prepararte para un cambio verdadero. Tampoco tienes la culpa de sentir CR, pero debes aceptarlo. No es necesario que descubras la razón por la que sufres de celos, no es relevante (aunque encontrar el origen muchas veces puede aclarar ciertas cosas y ayudarte a sanar. Lo recomiendo muchísimo). Si estuvieras en medio de la selva y recibes un flechazo, primero debes sanar la herida y extraer el veneno antes de buscar entre el follaje a quien te arrojó la flecha. Más adelante en el capítulo 3, Enfrenta tus problemas principales, hablaremos sobre exponer las raíces de tu dolor.

Si no te haces cargo de tus celos retrospectivos, seguirás culpando a tu pareja por su pasado y descargarás tu dolor hacia tus seres queridos de una manera muy dañina. Su pasado no es un problema. Su pasado no es aquí y ahora; el único momento que tenemos. Cuando sufres de CR, sientes como si tu pareja te estuviera engañando en ese preciso instante. Eso se debe a que tu cuerpo no puede diferenciar entre lo que es real y lo que es imaginario, sino que activa reacciones químicas según los pensamientos que tengas. Muchas personas que sufren de ansiedad sienten como si un león estuviera a punto de atacarlas o que un asesino serial está por entrar a su hogar. Ese es el mecanismo de defensa de tu cuerpo para protegerte. Si cierras tus ojos e imaginas que abres la puerta de la nevera, estiras la mano, tomas un limón y le das un mordisco, seguramente comenzarás a salivar. Somos conscientes de que no tenemos un limón en la mano, pero el mecanismo natural del cuerpo sigue haciendo su trabajo, sin importar si los objetos, las amenazas o nuestro entorno son tangibles o no. Es importante que tengas esto en mente en este proceso para vencer los CR.

El pasado de tu pareja no existe. Cuando luchas contra esos pensamientos, luchas contra un fantasma. No podrás vencer a los CR luchando contra tus pensamientos, ni contra un fantasma o una ilusión imaginaria. El primer paso para transformar tu dolor en energía es hacerte cargo de esos CR. Cuando lo hagas, transformarás esa energía de dolor en energía de amor y motivación que cambiará tu vida para siempre. Después de transformar esa energía dañina, obtendrás fortaleza que te armará de valor y te ayudará a superar todos los obstáculos de la vida.

Cómo asumir la responsabilidad de tus celos retrospectivos

Emplea una técnica de afirmaciones orales o escritas para asumir total responsabilidad de tus CR.

Escribe las siguientes afirmaciones y dítelas a ti mismo dos veces al día durante una semana, cuando inicies tu proceso de transformación. Dilas una vez a la mañana cuando te despiertes y una vez a la noche, antes de irte a dormir.

1. Yo, _____, sumo toda la responsabilidad por mis celos retrospectivos.
2. Yo, _____, me niego a culpar a los demás por su pasado.
3. Yo, _____, me niego a culpar a los demás por mi sufrimiento.
4. Yo, _____, sé que yo y solo yo soy responsable de mi sanación.
5. Yo, _____, no me rendiré hasta transformar mi dolor provocado por los CR en energía de motivación y poder.

Siente el poder de tener el control sobre tus CR. Una vez que lo logres, podrás transformarlos.

Capítulo 3: Enfrenta tus problemas principales

Debes encontrar la solución contraria positiva para cada una de las aflicciones que opacan tu vida. Por ejemplo, uno de mis problemas principales era sentirme débil, física y emocionalmente. Esta inseguridad alimentaba mis celos con una ametralladora de desencadenantes emocionales. Esta insoportable munición me hacía creer que mi pareja había estado con hombres más altos, musculosos y en mi opinión "superiores". Después de un intenso interrogatorio de detective, mi pareja intentaba calmar mis ciclos de TOC explicándome que ella estaba interesada en mí y no en estos hombres altos de físico más imponente (sin saberlo, ella me estaba dando la razón, y eso estropeaba mi proceso de sanación). Sin embargo, el desencadenante ya estaba ahí, oculto en lo más recóndito de mi mente, esperando la próxima ocasión para atacar. Entonces, con la precisión de un reloj, mi mente rápidamente volvía a caer en la trampa de la que parece no poder escapar. Con el paso del tiempo y mucho esfuerzo, comenzó a aparecer una parte más consciente y optimista de mi mente, mientras que los pensamientos provocados por los CR yacían moribundos en las sombras.

Luego de una particular sesión de terapia, busqué en mi interior y descubrí el origen de mi sentimiento de debilidad e inferioridad. Mi terapeuta me preguntó si había sido víctima de violencia en el pasado. Comencé a hacer memoria, hasta cuando tenía doce años. Fuimos a hacer *skateboard* con cinco o seis amigos; habíamos cruzado un paso a desnivel y pasamos por un terreno rodeado de árboles camino a la pista de skate. Un grupo tumultuoso, de entre veinte y veinticinco niños mayores que nosotros, salió de entre los árboles y comenzó a gritarnos groserías, mientras seguíamos caminando con la cabeza gacha, asustados pero sin hacerles caso. Algunos de ellos parecían adolescentes o veinteañeros. Mientras la pandilla se acercaba, mis amigos que iban adelante fueron atacados a golpes en la cabeza y el rostro. Intentaron huir, pero uno de ellos quedó en medio del tumulto y lo derribaron a golpes. No quería huir y dejar a mi amigo solo, así que me quedé con él, ambos paralizados por el miedo. Miraba mientras varios de los matones pisoteaban su cabeza contra el pavimento (él logró escapar sin secuelas graves). Después de que acabaron con él, vinieron por mí. Me rodearon como diez de ellos. Uno me dio un fuerte puñetazo en el rostro; tan fuerte, de hecho, que mi rostro se entumeció. Se sentía como si me hubieran golpeado con una pelota de fútbol en medio del rostro. Como si mi nariz estuviera en el lugar de mi oreja. Escuché que alguien dijo: "¡así se hace!", y un puñetazo volador me dio justo en la garganta. Caí de rodillas y no podía respirar. Me golpearon un par de veces más; apenas podía sentir mi rostro y mi cabeza. Mientras seguían golpeándome, un hombre que paseaba a su perro cruzó hacia el lugar y le gritó a los matones: "¡déjenlo en paz!". "¿Y tú qué vas a hacer al respecto?", exclamó el cabecilla de la pandilla. En ese momento, vi que el único adulto que podría haberme rescatado dio la vuelta y abandonó el lugar por miedo. Sentí que ya no tenía escapatoria. Uno de los patanes sacó de una bolsa de residuos una cuerda gruesa con un nudo corredizo. Miré la soga y miré los árboles que nos rodeaban. Mis pupilas se dilataron y me cargué de adrenalina e instinto de supervivencia. Era luchar o huir. Invadido por el miedo, pude presentir lo que estaba a punto de suceder. Antes de que la brutalidad continuara, alcancé a ver un espacio entre las piernas de uno de los matones. Sin nada que perder, pasé por debajo de sus piernas y empecé a correr lo más rápido que pude, dejando un hilo de sangre a mi paso. Me siguieron, casi pisándome los talones. Sentía las piernas como gelatina, pero seguí corriendo. Más adelante vi una casa, golpeé la puerta principal y una pareja de ancianos, al ver mi cara de pánico, me dejaron entrar. Deben haber quedado completamente en shock. Logré llamar a la policía y finalmente me sentí a salvo.

A pesar de que logré escapar relativamente ileso, quedó en mí una herida muy profunda que me afectaría el resto de mi vida. Sin quererlo y sin darme cuenta, cargué con este terror tan atroz toda mi vida adulta. Creo firmemente que este trauma violento fue la causa principal de mis celos retrospectivos en la adultez. La falta de autoestima y la sensación de miedo e impotencia absoluta sentaron las bases para la imponente estructura de los celos retrospectivos. Ese niño asustado al que golpearon de forma tan violenta nunca pudo sanar del todo, lo que hizo que de adulto siga siendo ese mismo niño asustado. Había descubierto el origen potencial de no solo mis problemas de autoestima sino también de mi vergüenza internalizada. Me costaba estar en público y no mirar por encima de mi hombro y, a lo largo de mi vida, cualquier otra agresión hacia mí en cualquier otro contexto me provocaba un miedo similar al que sentí a los doce años. La semilla del complejo de inferioridad fue plantada en el campo del miedo, y era solo cuestión de tiempo antes de que los brotes de los celos retrospectivos comenzaran a aparecer.

Te cuento esta historia porque redescubrir ese trauma me hizo llegar a lo más profundo de mi mente y darme cuenta de por qué me sentía tan débil y por qué tenía un problema con el exnovio de mi pareja, al que consideraba tan superior a mí. Volver a encontrarme con este trauma fue la epifanía que necesitaba para entender que mis sentimientos de debilidad y baja autoestima no surgían de la nada y no eran innatos. Eran aprendidos, y al igual que la mayoría de los patrones mentales, ¡pueden ser desaprendidos! Llegué a la raíz del problema: me sentía inferior. Al hacerme más fuerte pude arrancar esas raíces enterradas en lo más profundo de mi conciencia. Una herramienta poderosa en este proceso de sanación fue tener a un terapeuta maravilloso en el cual confío y con el cual me siento cómodo. Encontrar a un buen terapeuta puede ser increíblemente útil, no solo para sanar los CR sino también para muchos otros ámbitos de tu vida. Aunque no es imprescindible que sepas por qué sufres de CR (hay gente que no tiene un motivo en particular), descubrir los orígenes y arrancarlos de raíz puede ser beneficioso para ti. Me ayudó en mi proceso, pero tú **puedes** vencerlos sin saber realmente por qué te afligen. Hazte la siguiente pregunta: ¿por qué sufres de celos retrospectivos? Te pido que revises bien tu pasado, tu infancia. Tal vez ahí encuentres la respuesta.

Entonces, ¿cómo hice para luchar contra ese complejo de inferioridad que me hacía sentir tan débil? Me volví un luchador, en el sentido más literal de la palabra. Me sentía débil, así que decidí convertirme en todo lo contrario. Decidí hacerme fuerte. ¡Presta atención a la palabra **decidí**! Comencé a practicar y estudiar Muay Thai en un gimnasio de artes marciales mixtas. La primera vez que fui al gimnasio me sentía tímido y débil. El sonido de patadas agresivas contra los sacos de boxeo resonaban en todo el depósito, y el sonido de los incipientes luchadores de Jiu Jitsu brasileño que caían derribados contra la lona del cuadrilátero era un apasionante golpe seco resonando en mis oídos. Había encontrado un lugar en el que mi timidez, mi resistencia y mi fuerza eran puestas a prueba. Después de mi primer entrenamiento, me invadió una sensación de control, poder y coraje. Ese niño tímido y débil se estaba convirtiendo en algo completamente nuevo. Me enamoré del arte de las ocho extremidades y encontré una actividad que me hacía tocar el cielo con las manos. Ahora, cada vez que me daban golpes en la cabeza o patadas en el rostro (¡con protección, claro!), los recibía con gusto. Podía sentir cómo me hacía cada vez más fuerte con cada golpe que recibía y cada golpe que daba. Al poco tiempo fui compañero de *sparring* del tipo de hombres frente a quienes solía sentirme tan inferior ¡y era capaz de defenderme! Esto me dio un nivel de confianza saludable que jamás había sentido. El niño débil ya no era débil. Esta nueva fortaleza física allanó el camino para mi fortaleza mental. Esa confianza fue una de las armas más poderosas de mi arsenal en la batalla contra los CR. En los meses subsiguientes de entrenamiento, prestaba especial atención a cómo mis celos respondían en un entorno que me brindaba las herramientas para reunir la suficiente fortaleza interna y externa. Un lugar donde podía transformar mi cuerpo y mi mente para convertirme en una versión más poderosa de mí mismo. Los CR no tenían lugar en el gimnasio. No dejaba que se alimentaran de ningún pensamiento negativo. Me mantenía activo y trabajaba demasiado duro como para dejar que los CR tuvieran mi atención. A menudo los celos atacaban cuando volvía a casa después de entrenar, pero esta vez se enfrentaban a un oponente muchísimo más fuerte del que estaban acostumbrados. Un oponente cuya autoestima sana crecía a pasos agigantados. El tiempo de los CR se estaba agotando y era evidente que no aguantarían muchos más *rounds* en el cuadrilátero. Seguí entrenando por un tiempo hasta que mis celos se atenuaron, al punto de no volver más. Para mí, mis sesiones de entrenamiento Muay Thai eran como sesiones de terapia, no solo entrenamiento físico. Esto me ayudó a reunir la motivación necesaria para ir al gimnasio de Muay Thai y entrenar cada semana, porque cada sesión me ayudaba de maneras que jamás había sentido. A medida que sufría cada vez menos CR, dejé de entrenar tan seguido y comencé a priorizar otras metas y otros aspectos de mi vida. Sin embargo, a pesar de que no seguí entrenando tan a menudo como hacía antes, una cosa persiste: mi entrenamiento Muay Thai fue uno de los esfuerzos más grandes y más beneficiosos que he hecho. Seguiré viviendo el resto de mi vida con más confianza, seguridad y poder del que creí fuera posible. Sin mencionar que me arma de gran valor saber que puedo proteger a mi familia mucho mejor que antes. Estas emociones y sentimientos positivos son poderosos repelentes contra los CR. ¿Recuerdas que al comienzo del libro te dije que los CR eran una de las mejores cosas que me pasaron en la vida? Bueno, si no hubiera pasado por esto, nunca habría desarrollado esta mentalidad, estas emociones y estas habilidades positivas.

Convertirse en un luchador no es para cualquiera, obviamente. Pero el mensaje aquí es que necesitas encontrar **tu propio** Muay Thai. Ya sea hacer yoga, levantar pesas, ganar más dinero, pintar, andar en bicicleta o incluso cocinar. No importa qué sea. El punto es que existe algo ahí afuera que puedes hacer para combatir los pensamientos negativos sobre ti mismo y aumentar tu autoestima. Después de entrenar por un tiempo, me di cuenta de que era mucho más fuerte de lo que pensé que podría llegar a ser. ¡Encuentra lo que estimule tu autoestima y no pares hasta conseguirlo! Esto se convertirá en una herramienta clave en tu proceso de sanación. No esperes más, ¡ACTÚA AHORA! ¡Comienza hoy mismo!

Capítulo 4: Lidiar con los desencadenantes

S i estás leyendo este libro y sufres de celos retrospectivos, entonces estás más que familiarizado con los desencadenantes. Son la herramienta favorita y "siempre lista" de los CR para usar en tu contra cuando están listos para atacar de nuevo. Si alguna vez has sufrido de trastornos obsesivo-compulsivos o conoces los síntomas, es probable que encuentres similitudes entre los pensamientos intrusivos del TOC y los desencadenantes de los CR. Prácticamente tienen las mismas características. Muchos recursos sobre los CR los describen como un tipo de trastorno obsesivo-compulsivo. Como no estoy capacitado en el área de psicología o de las conductas cognitivas, no estoy calificado para diagnosticar o comparar síntomas. Sin embargo, sí puedo mencionar que he padecido muchos rasgos de TOC a lo largo de mi vida, por lo que haber sufrido celos tan intensos es una interesante coincidencia. A menudo me descubría actuando distintos patrones de TOC como revisar constantemente las cerraduras de las puertas y tener pensamientos intrusivos (relacionados no solo con el pasado de mi pareja). Te aconsejo que investigues un poco sobre los TOC, sus características y similitudes con los pensamientos intrusivos y desencadenantes de los CR, ya que puede haber aspectos de tu vida en los que los TOC ya están establecidos. Aunque no es imperativo que conozcas el verdadero motivo detrás de tus CR, como mencioné anteriormente, es imprescindible que transformes esas dolorosas experiencias en fuerza interior para tener un futuro y una vida saludables.

Los desencadenantes aparecerán por sí solos y te atacarán como si tuvieran vida propia. Tal vez sea lo primero que enfrentes por la mañana o lo último en que pienses antes de irte a dormir. Tal vez aparezcan cuando pases por el frente de un bar o un restaurante al que tu pareja solía ir con su ex, o cuando en la radio escuches una canción de la banda que tu pareja fue a ver en vivo con su ex. Todos los desencadenantes pueden ser igual de dolorosos y saben cómo cautivarte y hacerte entrar en un alarmante estado de trance. No puedes controlar cuándo atacarán estos desencadenantes, ¡pero con algo de práctica podrás controlar cómo reaccionas a ellos!

No puedes superar o vencer a tus desencadenantes, pero puedes dejar de alimentarlos. Ellos se alimentan de tus pensamientos y respuestas emocionales. Un ejercicio que me ayudó fue imaginar mis pensamientos como olas en el mar. Ese pensamiento es solo una ola pasajera. Todos los pensamientos son efímeros y pasan relativamente rápido cuando no pueden alimentarse de nuestras respuestas emocionales. Simplemente observa cómo la ola va y viene sin involucrarte emocionalmente. Cuando sientas esa emoción en tu estómago, simplemente déjala ser, respira hondo y no alimentes esos pensamientos. La mente es ágil y rápidamente se concentrará en otra cosa. Ese pensamiento negativo se descartará antes de atacar de nuevo, esta vez más débil, y con el tiempo ya no aparecerá. Cuando no estás pensando en ello, no existe. Con la práctica, esta estrategia dejará de alimentar a tus pensamientos intrusivos con interacciones emocionales negativas y por tanto destruirá al arma más poderosa de los CR, los desencadenantes.

¡No hables de ello!

¡Abstente de hablar sobre tus desencadenantes! Tal vez sientas la necesidad de hablar sobre los pensamientos provocados por los celos e incluso cuestionar a tu pareja sobre ellos. ¡No te rindas! Mientras más hablas de tus pensamientos de CR, más los alimentas, más poder les das, y más aumenta su vida. Cuanto más rápido aprendas a dejar de hablar sobre tus desencadenantes, más rápido superarás los celos retrospectivos. Esto es por lejos una de las tareas más difíciles de dominar, pero es extremadamente esencial para tu recuperación. Intenta pensar en algo entretenido que ocupe toda tu atención. Cada vez que tenía ganas de atormentar a mi pareja con preguntas, practicaba escalas de piano en mi mente y hacía los ademanes en el aire con mis manos.

Mantén un registro de tus desencadenantes

Otro método que me ayudó a sanar fue llevar registro de mis desencadenantes. Llevaba un cuaderno conmigo en todo momento. Cada vez que me sentía provocado, escribía la fecha, la hora y cuál fue el pensamiento que provocó ese desencadenante. Al principio fue una forma de llevar un registro de mi progreso. A medida que pasaban los días y las semanas, volvía a mi diario a leer lo que había escrito. Analizaba en detalle todos mis desencadenantes y notaba que mis entradas tenían un contenido muy similar, pero a veces se enfocaban en distintos aspectos del pasado de mi pareja. Una semana rumiaba sobre uno de los exnovios de mi pareja y a la semana siguiente pensaba en otro. Poco a poco, después de revisar estas entradas, comencé a notar que los desencadenantes ya no tenían el poder de arruinar mi día.

Sobreviví los días en los que me sentí provocado y viví para luchar un día más. No era el fin del mundo. Me decía a mí mismo: "¡oh, otra vez estoy pensando en ese tipo, igual que ayer y antes de ayer!". Pensé en la tragicómica idea de programar mi reloj cada vez que me provocara un pensamiento en particular. Al escribir mis desencadenantes en el cuaderno exponía los viejos trucos de los CR y los dejaba al descubierto. Una vez que seas consciente de los trucos que los celos usan contigo, poco a poco comenzarán a perder su poder. Un día, mientras echaba un vistazo a mis entradas pasadas, me di cuenta de algo; ya no sentía el mismo dolor por los desencadenantes que había escrito en semanas anteriores. Mis desencadenantes perdían poder y yo avanzaba en mi proceso de recuperación.

Meditación y espiritualidad

La meditación es una herramienta extremadamente poderosa que te ayudará en tu proceso de sanación. La meditación fue una de mis herramientas más valiosas contra los celos retrospectivos y es uno de los recursos que puedes usar en cualquier momento que cambiará tu vida por completo. Al momento de escribir este libro, había meditado casi todos los días durante los últimos tres años y seguiré haciéndolo por el resto de mi vida. Los beneficios son infinitos y nunca he sido más feliz ni había podido alcanzar tales estados de paz y tranquilidad en toda mi vida. Pasamos la mayor parte de nuestro tiempo perdidos, intentando aferrarnos al pasado y preocupándonos por el futuro que rara vez disfrutamos del aquí y ahora; lo único que alguna vez tendremos. El pasado ya no existe, el futuro es solo un pensamiento. Vivir el presente es librarse de las cadenas imaginarias de tu pasado y de tu futuro. La meditación es una manera de acceder al momento presente mediante la concentración. Cuando estás en el aquí y ahora, los CR no pueden habitar en ti, ya que son causados por un sinnúmero de pensamientos. Cuando meditas y permaneces en el presente, trasciendes todo pensamiento y dejas de alimentar tus celos. No pueden vivir en el presente si tú te haces presente. Seguramente te preguntas: "bueno, ¿y cómo accedo a esa presencia? ¿Cómo hago para meditar?". A continuación, te comparto mi rutina diaria de meditación:

1. Busca un lugar silencioso donde nadie pueda molestarte.
2. Programa una alarma para dentro de diez minutos.
3. Siéntate en el suelo y cruza las piernas; coloca tus manos en las rodillas con las palmas mirando hacia arriba.
4. Cierra los ojos e inspira profundo durante cinco segundos, mantén la respiración por otros cinco segundos y exhala durante cinco segundos. Repite.
5. Concéntrate en tu respiración y siente el silencio que impregna el lugar. Intenta no aferrarte a ningún pensamiento que pueda surgir y déjalo que se disuelva en la paz del silencio.
6. Siente tu interior al concentrarte en el pulso de energía que sientes en tus manos.
7. La mente muchas veces aparecerá para intentar tomar el control. Esto es normal y lógico. No te regañes por perder la concentración, simplemente trae tu atención de vuelta a tu respiración y el silencio.

Repetir esta simple meditación a diario te ayudará a practicar la presencia y desarrollar tu capacidad de acceder a este silencio pacífico; un espacio libre de pensamientos. Otro beneficio de la meditación es la separación de tu ser y de tu mente transformados en ego. No estoy usando el término "ego" de forma despectiva para describir a unególatra o a las características del narcisismo. Uso la palabra "ego" para describir esa personalidad, carácter o persona que crees que eres. En esencia, todo lo que crees ser: tu nombre, tu trabajo, tus opiniones políticas, tus pasiones y tus valores fueron formados en algún momento. No existen en ningún otro plano aparte del de los pensamientos. Cualquier evidencia física o tangible que afirme lo contrario simplemente se manifiesta a partir de esos pensamientos formados. Podrás tener muchos certificados que den cuenta de una cierta habilidad o de que eres excelente en tu profesión, pero ninguno de estos logros, premios o empeños pasados son lo que tú realmente eres. Esto no quiere decir que no podamos tener vidas maravillosas o carreras exitosas, solo es para atraer tu atención a la idea de que nada es absolutamente cierto. Por eso es que somos capaces de reprogramar nuestra mente subconsciente con nuevos pensamientos sobre nosotros mismos. Todo es o ha sido creado en algún momento u otro.

Comenzar una práctica de meditación y leer libros sobre espiritualidad me dio un nuevo sentido de existencia. Se lo recomiendo a todo el mundo, en particular a quienes sufren de aflicciones como los celos retrospectivos. Aparta diez minutos cada día para meditar ¡comenzando hoy mismo! En general, lo primero que hago por las mañanas es meditar. Me despierto, sonrío, me hidrato e inmediatamente me siento a meditar. Este se ha convertido en el inicio de mi ritual matutino diario. Con la práctica, puedes entrar a un nuevo estado del ser. Uno en el que no hay lugar para los CR.

Dos libros sobre meditación y espiritualidad que no me canso de recomendar son *El poder del ahora* y *Una nueva tierra* de Eckhart Tolle.

Capítulo 5: Acción positiva y adicciones positivas

Existe una infinidad de situaciones relacionadas con las adicciones, perjudiciales y potencialmente mortales, en las que podemos encontrarnos. Devastadoras adicciones a las drogas, al alcohol, a la nicotina y al juego abundan en este mundo y han destruido un sinnúmero de vidas. Todos hemos visto al vagabundo que va gritando por las calles o al borracho que vive en la alcantarilla.

Pero ¿y las adicciones positivas que podemos incorporar a nuestras vidas? ¿Y las personas ambiciosas y exitosas? ¿Y el atleta que está en su mejor momento, el músico de primera categoría o el empresario cuyos negocios valen millones? ¿Qué tienen ellos que la mayoría no tiene? Pienso que su éxito se debe a una insaciable adicción al progreso, los logros y las metas cumplidas.

De niño me obsesionaba con subir de nivel en mi videojuego favorito. En cada batalla, mi personaje se volvía más y más fuerte, y con cada victoria ganaba más experiencia. Me volví adicto al desarrollo de mi personaje hasta que, después de un tiempo, ¡completé el juego y destruí al malvado villano que amenazaba el mundo de mi protagonista ficticio! Por fuera de los videojuegos, era un niño relativamente holgazán. Dormía hasta tarde, no hacía la tarea y estudiaba el mínimo indispensable para poder aprobar. A medida que fui creciendo y me involucré en distintas actividades como lecciones de piano, artes marciales y arte creativo, me di cuenta de que mi adicción positiva al progreso en los videojuegos había de hecho continuado en mis actividades en el mundo real. Me volví más hábil en mis pasatiempos y en mis tareas porque sentía el mismo entusiasmo que cuando mi personaje favorito subía de nivel. Me di cuenta de que ese entusiasmo no era exclusivo de los videojuegos y los hobbies. Ya de adulto, la misma sensación hacía efecto después de una buena sesión de entrenamiento en el gimnasio, cada vez que alcanzaba una meta económica o leía un libro nuevo para ampliar mi conocimiento. En algún momento del proceso, me volví adicto al crecimiento y al progreso personal. Tal vez sucedió de manera natural. Tal vez lo heredé de mis padres, ambos arduos trabajadores. Pero creo firmemente que, sin importar de dónde vengas o la situación en la que te encuentres, puedes entrenar a tu cerebro para que desarrolle estas adicciones positivas de la misma forma en la que has desarrollado un entusiasmo por tu personaje de videojuegos favorito en tu infancia o has dominado un truco nuevo con tu patineta.

Cada vez que logres algo, ¡celébralo! Reconócelo y hazte cargo de ese logro. Si has podido lidiar con un desencadenante de CR sin involucrarte emocionalmente, entonces celébralo. Si ves al ex de tu pareja en la calle y has lidiado con el desencadenante mejor que nunca, debes celebrar tu progreso. Comienza a asociar las sensaciones positivas con tus logros, tú te lo has ganado. No te digo que brindes con alcohol y te descontroles (a menudo el alcohol afecta a los celos de forma negativa y drástica y puede inhibir tu capacidad de hacerle frente a los desencadenantes). Una dosis de felicidad es suficiente para darte fuerzas y seguir con el ciclo de crecimiento positivo. La felicidad crea más felicidad y la felicidad es poder. Nos motiva. La felicidad es una herramienta muy poderosa que puede ayudarte a sanar. Los CR no aguantan mucho nadando entre las precipitadas olas de la felicidad genuina, aquella asociada con el progreso y el placer de tu oficio, tu carrera o tus pasatiempos. Cuando tu adicción positiva une fuerzas con tus nuevas formas de lidiar con los desencadenantes, se convierten en un dúo dinámico que altera todos tus sentidos y te ayuda en tu camino hacia una vida libre de celos.

Afirmaciones

Las afirmaciones son una excelente manera de estimular cualquier estado mental que quieras mejorar. En general intercambio mis afirmaciones de acuerdo a cómo quiera sentirme en ese momento en particular. Por ejemplo, si quiero mejorar mi confianza, cada día recito diez o más afirmaciones para aumentar la confianza en mí mismo. Si estoy en un momento en mi vida en el que quiero superar la timidez e interactuar mejor con los demás, recito diez o más afirmaciones para armarme de valor y coraje en mi interior. Repite esas afirmaciones día tras día, semana tras semana, mes tras mes, y verás lo que sucede. Tu subconsciente asimilará esas afirmaciones y tú entrenarás a tu cerebro para que las crea. Es un método poderoso que también se usa para manifestar abundancia material o económica. Como mencioné en el capítulo anterior, todo es creado. Así que crea tu propia historia, una nueva versión mejorada de ti mismo libre de CR. Incluso puedes irte a dormir escuchando grabaciones de esas afirmaciones. Suelo buscar videos de afirmaciones en YouTube y me quedo dormido mientras los escucho. Te recomiendo que crees diez o más afirmaciones que estimulen de manera positiva tu actitud frente a tu proceso de sanación. He creado diez afirmaciones para ti. Si sientes que es tonto decirlas en voz alta, puedes leerlas en silencio en tu mente o en voz baja. Si no crees del todo en las afirmaciones, finge hasta que lo logres. Tal vez para algunos lectores esto parezca puro palabrerío de autoayuda, pero si en verdad quieres librarte de los CR, ¡inténtalo y compruébalo tú mismo! Programar tu mente subconsciente puede cambiar tu vida.

Afirmaciones positivas de crecimiento personal

1. Soy una persona poderosa.
2. Valgo lo suficiente.
3. Soy una persona digna.
4. Tengo confianza en mí mismo/a.
5. Soy una persona fuerte.
6. Soy una persona atractiva.
7. Soy una persona deseable.
8. No me siento inferior a nadie.
9. Otras personas me admiran.
10. Otras personas me respetan.

Capítulo 6: Cambia la manera en la que te percibes

¿Cómo te sientes con respecto a ti mismo? ¿Acaso tu día está plagado de pensamientos negativos? ¿Sueles murmurar para ti mismo cosas como "me odio, no valgo nada, no puedo compararme con él/ella"? Solía tener pensamientos como esos rondando en mi cabeza todo el día, todos los días, hasta que fui consciente de ellos. Estos pensamientos negativos internos son como un río de veneno que fluye sin control por tus venas. Debes ser consciente de este diálogo interno y reemplazar esas palabras violentas por sus opuestos positivos. "Me odio" se convierte en "me amo".

"Soy un perdedor" se convierte en "soy un ganador". No importa lo tonta, arrogante o engreída que suene toda esta palabrería optimista, es imprescindible para un estímulo interno de felicidad. Mantén la mente abierta mientras lo intentas y disfruta de los beneficios. Así como una vibración de gratitud atraerá más situaciones positivas en tu vida, esta actitud de confianza interior atraerá más poder y manifestará positividad. Si trabajas en ti mismo lo suficiente, los arrebatos negativos de los demás te serán indiferentes. Te sentirás tan a gusto en tu propia piel que los CR y los desencadenantes sentirán que este nuevo hábitat de confianza es insoportable y ponzoñoso. Tus celos no tendrán de qué alimentarse y no podrán crecer. Después de todo, tus CR probablemente nacen y se alimentan de tus inseguridades y la falta de confianza o seguridad en ti mismo.

Imagina la mejor versión de ti mismo. ¿Cómo luces? ¿De qué manera te comportas? ¿Cómo reaccionas frente a determinadas situaciones? ¿Actúas con seguridad y firmeza? ¿Eres fuerte y decidido? ¿Eres sociable y exitoso? ¿Estás plagado de celos y ganas de controlar a los demás, o eres una persona relajada y tranquila, que no necesita de facilitadores externos?

Cierra los ojos por unos minutos y piensa en la versión ideal de ti mismo. Sé tan excéntrico como tu imaginación te lo permita. No te reprimas. Esta versión ideal debería tener todos los atributos que aspiras tener en tu vida. Una vez que crees en tu mente una imagen sólida de tu yo ideal, debes comprometerte a hacer lo necesario para convertirte en esa versión de ti. La vida es muy corta como para **no** convertirte en ese tú. Anota en un papel al menos diez atributos físicos o de personalidad que posee tu yo ideal.

¿Acaso tu yo ideal está en forma? Tú puedes hacerlo. ¿Tu yo ideal exude confianza y actitud? También puedes lograrlo. ¿Tu yo ideal gana mucho más dinero del que tienes ahora? Nunca ha habido un mejor momento en la historia para comenzar tu propio negocio en línea y buscar fuentes de ingresos alternativas, tanto pasivas como activas. ¿Tu yo ideal posee un conocimiento increíble que puede ser usado para enriquecer tu vida? Vivimos en una era digital en donde puedes encontrar cursos en línea de casi cualquier cosa que mejorará y enriquecerá tu vida, todo al alcance de un clic. Puedes lograr cualquier resultado que desees para tu vida. Tal vez en parte estemos limitados para modificar nuestra apariencia física (¡aunque los cirujanos plásticos últimamente hacen maravillas!), pero este trabajo interno puede ser increíblemente transformador si se lo hace con ganas y entusiasmo. Solía ser un niño-adulto tímido y asustado. Ahora soy un hombre exitoso, asertivo y seguro de mí mismo.

Esto lo logré imaginando a mi yo ideal y luego tomando la decisión de convertirme en esa versión de mí mismo y no quitar mi vista del objetivo; un yo nuevo y mejorado.

Algunos de los atributos que deseaba tener (antes de sanar mis CR) eran los siguientes:

Atributo 1: Sentirme seguro, asertivo y cómodo en mi propia piel.

Qué hice para lograr este atributo:

- Programé mi subconsciente con afirmaciones de confianza, por lo general camino al gimnasio y antes de ir a dormir por las noches.
- Me puse en forma entrenando en el gimnasio todos los días.
- Aprendí Muay Thai y desarrollé habilidades de defensa personal y disciplina.

Atributo 2: Sentir que los CR, los pensamientos intrusivos y los desencadenantes ya no me afectan.

Qué hice para lograr este atributo:

- Medité todos los días. Practiqué vivir en el aquí y ahora.
- Realicé ejercicios de respiración y meditación para dejar ir los pensamientos intrusivos a medida que aparecen.
- Dejé que los pensamientos intrusivos aparezcan sin intentar detenerlos y sin involucrarme emocionalmente con ellos.

Atributo 3: Sentirme fuerte y ser capaz de defenderme. No sentirme físicamente débil y vulnerable.

Qué hice para lograr este atributo:

- Me puse en forma entrenando en el gimnasio todos los días.
- Aprendí Muay Thai y desarrollé habilidades de defensa personal y disciplina. Fui *sparring* en clases de Muay Thai (defenderme ante hombres mucho más grandes físicamente que yo hizo maravillas para mi autoestima).
- Subir de grado en Muay Thai con el paso del tiempo.

Atributo 4: Ser más positivo y feliz; alcanzar un estado de bienestar y optimismo.

Qué hice para lograr este atributo:

- Incorporé afirmaciones de gratitud a mi ritual matutino (consulta el capítulo 7).
- Cambié mi alimentación. Incorporé jugos y batidos todos los días para mejorar mi estado de ánimo por dentro.
- Entrené a diario en el gimnasio.
- Leí libros sobre espiritualidad y autoayuda todos los días.

Atributo 5: Estar en una mejor posición económica. No compararme negativamente con los demás por mi situación financiera.

Qué hice para lograr este atributo:

- Comencé mi propio negocio en línea.

- Creé nuevos canales de ingresos pasivos. Aumenté mis ingresos a través de una ética laboral rigurosa.
- Comencé a invertir.
- Tomé cursos y leí libros sobre inversiones y negocios.

Atributo 6: Poseer un nivel más elevado de intelecto y conocimiento.

Qué hice para lograr este atributo:

- Tomé cursos y leí libros, en su mayoría sobre finanzas, inversiones y negocios.
- Incorporé la lectura diaria como parte de mi ritual matutino.

Atributo 7: Mejorar mi apariencia física.

Qué hice para lograr este atributo:

- Cambié mi alimentación.
- Implementé un cronograma semanal de ejercicios.
- Me mantuve hidratado.
- Implementé una rutina diaria de cuidado de la piel y comencé un tratamiento con microagujas dos veces a la semana.
- Cambié el tipo de productos que uso para el rostro.
- Mantuve mi corte de cabello y una apariencia prolija.
- Mantuve una rutina de aseo y cuidado personal.
- Realicé visitas periódicas al odontólogo y me hice limpiezas dentales.

Atributo 8: Lograr una sólida ética laboral. Nada de holgazanería o procrastinación.

Qué hice para lograr este atributo:

- Escuché diariamente podcasts y audiolibros de maestros de la autoayuda.
- Mejoré mi ética laboral porque estaba decidido a cambiar.
- Escribí mis metas en una pizarra cada día (¡tachar las metas cumplidas en la pizarra es adictivo y emocionante!).
- Puse alarmas y reprogramé mi reloj biológico para despertarme más temprano.
- Incorporé un ritual matutino.
- Dejé de mirar tanta televisión y la reemplacé con horas de estudio, trabajo y otras actividades productivas.

Atributo 9: Ser agradable, platicador, e interesante para los demás.

Qué hice para lograr este atributo:

- Despejé mi mente de pensamientos innecesarios y del bagaje emocional mediante la meditación diaria y el trabajo con mis desencadenantes.
- Me mantuve en el presente y con los pies en la tierra.
- Dejé de ver a los demás como entidades individuales o como amenazas gracias a los libros sobre espiritualidad que leí.
- Comencé a conocer a otras personas sin hacer juicios de valor previos o asumir aspectos de su personalidad.
- Sonreí amablemente, incluso en situaciones incómodas o indeseadas.
- Comencé a escuchar más y hablar menos.

Atributo 10: Ser más generoso, amable y deseoso de compartir cosas con los demás.

Qué hice para lograr este atributo:

- Compartí con los demás datos interesantes que fui aprendiendo a lo largo de mi vida y después de haber estudiado ciertas materias.
- Hice que mi conocimiento fuera de fácil acceso para los demás sin costo alguno.
- Doné un porcentaje de mis nuevos ingresos a una causa solidaria.
- Ayudé a otros sin esperar nada a cambio.

Atributo 11: Tener paciencia y ser amable incluso en situaciones conflictivas o al tratar con personas difíciles.

Qué hice para lograr este atributo:

- Medité todos los días, prestando especial atención a mis problemas de ira.
- Leí distintos libros de autoayuda enfocados en la psicología para ganar un mejor entendimiento de la condición humana.
- Me conecté con mi lado empático.
- Tuve paciencia y me mantuve en el presente durante conflictos personales o de pareja. Trabajé en mi miedo a la confrontación.

Tal vez notes que he repetido algunas de las actividades que apuntan a sentirte mejor contigo mismo, tales como ir al gimnasio, hacer cursos, leer libros o incorporar una rutina matutina. ¡Es porque sí funcionan! La repetición es necesaria para el éxito. No hagas ejercicio el primer día y luego dejes que tu bolso del gimnasio acumule polvo. No leas solo el primer capítulo de un nuevo libro de autoayuda y lo dejes en el estante para no leerlo nunca más. Crea un hábito a partir de cada una de estas acciones y realmente cambiarán tu vida.

"Yo no temo al hombre que ha lanzado 10.000 patadas diferentes, yo temo al hombre que ha lanzado una patada 10.000 veces". Bruce Lee

Escribe los atributos que te gustaría poseer ¡y comienza a trabajar en ellos ahora mismo! La versión ideal de ti mismo puede ser una realidad. Un tú libre de CR puede hacerse realidad.

Una vez que te hayas curado de tus CR, puedes continuar con esta nueva ética de trabajo en cada cosa que hagas el resto de tu vida. Vencer a los celos retrospectivos es una de las cosas más difíciles por las que tendrás que pasar, pero el poder de transformación que lograrás al curarte es inconmensurable. Podrás lograr todo lo que te propongas con esta nueva ética laboral, este impulso, esta energía motivadora. Tú tienes el control. Para que tu vida sea como la deseas, debes cambiar primero desde el interior.

Deja de compararte con los demás

En los años previos a recuperarme de los CR, solía comparar mi altura, mi cuerpo, mis finanzas, mi personalidad, mi apariencia y básicamente todo lo que te puedas imaginar con los exnovios de mi pareja. Esto era una total pérdida de tiempo. Incluso si por un momento me sentía superior en algún aspecto, mi mente se ponía en mi contra y creaba otro que me hiciera obsesionar con ese tipo en particular. Compararte con otros, como si fuera una prueba de superioridad, es insoportable; un esfuerzo en vano, una pérdida de tiempo. Nunca encontrarás la paz de esta manera, solo lograrás que tus CR se hagan un festín contigo. Una de las únicas veces en las que será beneficioso compararte con los demás es cuando aprendes de ellos y puedes crecer.

Solía ver las publicaciones de años anteriores de mi pareja en las redes para ver cómo eran sus exnovios. Quería comparar su altura o su apariencia física con la mía. Mientras miraba las fotos, entraba en un estado de trance y pánico; mis manos temblaban y mi mente estaba alerta. Sentía que me había contagiado de alguna clase de virus. Todo lo que hacía era alimentar mis CR. ¿Cómo hacemos que se mueran de inanición? Dejando de alimentarlos con pensamientos negativos. Compararte con las parejas anteriores de tu pareja es el platillo favorito de los celos retrospectivos. Pueden alimentarse de estos pensamientos por años, atormentándote día y noche.

Si sientes la necesidad de compararte con los ex de tu pareja, entonces mantente alerta e intenta detenerte ahí mismo. Respira hondo, concéntrate en el presente y recuerda que te has comprometido a cambiar. Recuerda la dulce recompensa del cambio. A menudo tenía que actuar rápido antes de sumergirme en una noche de obsesión con sus fotos en las redes y la consecuente e inevitable pregunta que arrojaría sobre mi pareja. La otra persona no se lo merece; cambiar es tu responsabilidad.

Tú eres el único tú que existe. Eres una creación única, bella e inteligente, y tú lo vales. No eres menos que nadie. Eres una creación magnífica del universo.

Capítulo 7: La felicidad es poder

Cuando eres realmente feliz, estás eufórico, lleno de energía y con tanto entusiasmo que caminas por las paredes, es porque posees una poderosa energía de motivación. Esta energía de felicidad es la fuente creativa detrás de gran parte del arte, de la música, de la literatura y básicamente de cualquier forma apasionada de expresión que te imagines. También será una fuerza vital que te ayudará en tu proceso de recuperación de los CR. Seguramente leíste la primera oración de este capítulo y pensaste: "¿eufórico, lleno de energía y con tanto entusiasmo que caminas por las paredes? ¿Pero quién se cree que es este autor? Jamás me sentiré así." Esto es porque tu mente está agobiada por imágenes del pasado de tu pareja y te atormenta sin parar, privándote de esa preciosa energía de vida. En esos estados de tormento, es mucho más difícil invocar a nuestra felicidad y alcanzar un estado de sanación. Sin embargo, no es imposible. Haz memoria y recuerda cuando todavía no sufrías de celos, tal vez en tu infancia. Esos dolorosos pensamientos de celos no invadían tu mente. Tu mente solo pensaba en todos esos juguetes, juegos y actividades geniales. Si algo te provocaba y te hacía sentir triste o infeliz, probablemente era una situación inmediata que llamó tu atención, como no recibir una galleta o que te obliguen a hacer las tareas del hogar (asumiendo que te has criado en un buen entorno familiar. Si te has criado en un entorno familiar tóxico, entonces es probable que tengas que trabajar muchas cosas con un terapeuta. Te recomiendo ampliamente buscar a un buen terapeuta que te ayude a acelerar tu proceso de recuperación). Como adultos, nuestras mentes trabajan a toda velocidad, en general por nuestras responsabilidades cotidianas como pagar las cuentas, alimentar a nuestros hijos, etcétera. Si no trabajamos lo suficiente en nosotros mismos para poder despejar nuestra mente y alcanzar estados de conciencia más pacíficos, muchas veces quedamos atrapados en la carrera frenética de nuestros incansables pensamientos de ansiedad. Aceptamos que las cosas son así en nuestra sociedad y la mayoría de las personas viven su vida pensando de esta manera. En tu infancia seguro hacías una cosa a la vez, lo que estaba inmediatamente frente a ti. Ahora de adulto puedes ponerlo en práctica. Es un ejercicio muy similar a la meditación que te ayudará a concentrarte en el presente y en la tarea que tienes enfrente. Inténtalo ahora. Respira hondo varias veces desde tu estómago. Ahora, concéntrate solo en esta página por diez segundos. Otros pensamientos irán y vendrán e intentarán distraerte, pero tú simplemente mantén la concentración y tu mirada en la página. A medida que vayas mejorando, inténtalo por treinta segundos, luego por un minuto, y así sucesivamente. Tal vez descubras que la calidad de tu trabajo se beneficiará ampliamente con este ejercicio, ya que tu mente no estará en cualquier parte. Has vuelto a aprender el don de concentrarte en el presente, algo que adquirimos en nuestra infancia. Ahora intenta concentrarte en algo divertido. Existe un motivo por el cual muchos temerarios y adictos a la adrenalina aman los deportes extremos, las carreras y el paracaidismo. Se adueña de su concentración total por un periodo de tiempo.

Piensa en metas que evoquen felicidad

Si dejas de pensar en esos pensamientos intrusivos de CR y los reemplazas por tareas, actividades o pensamientos que traigan felicidad, te llenarás del entusiasmo, el valor y el poder de motivación que necesitas para sanar los celos. En mi caso, esos pensamientos incluyen metas que quiero lograr este año. Pueden ser metas financieras, artísticas o laborales que me entusiasmen. Este libro que estás leyendo era una de mis metas. Por ejemplo: este libro me llenaba de emoción mientras lo escribía porque sabía que podría ayudar a un sinnúmero de personas de todo el mundo que sufren de CR a ser mejores y a transformar sus vidas. ¿Qué metas te entusiasman y te gustaría cumplir? Escríbelas y mantenlas a la vista para leerlas cuando las necesites. Me gusta escribir mis metas en una pizarra grande en mi oficina. Siento una emoción imposible de explicar cada vez que tacho una de las metas de mi lista.

Felicidad a través de la gratitud

Una herramienta transformadora que me ayudó en mi recuperación fue una enorme sensación de gratitud. Practico la gratitud todos los días sin falta (en general cuando voy y vengo del gimnasio). Siempre noto que ese momento del día me llena de felicidad. Incorporo esta práctica de gratitud en mi rutina de cada mañana. Esta práctica incluye decir en voz alta lo agradecido que me siento por ciertas cosas en mi vida. Esas cosas pueden cambiar día tras día y pueden variar, desde cosas insignificantes como: "estoy tan agradecido por el hermoso clima de hoy" hasta cosas más importantes como: "estoy tan agradecido y feliz porque mis padres gozan de buena salud y puedo hablar con ellos cada vez que tengo tiempo". Una vez que comiences a decir frases de agradecimiento en voz alta, comenzarás a vibrar en una frecuencia de gratitud. Quizás notes que comienzas a atraer más cosas buenas a tu vida. Te recomiendo ampliamente que lo intentes, creas o no en el poder de la manifestación y la ley de la atracción. Hazlo con una mente abierta y luego saca tus conclusiones. En mi experiencia, comencé a atraer cosas maravillosas a mi vida. Mi familia estaba feliz, mis ingresos aumentaban y mi carrera despegó de manera exitosa, simplemente diciendo cada día lo agradecido que estoy por todo lo que tengo. Si las finanzas te provocan mucho estrés (o celos, si te estás comparando con los ex de tu pareja), recuerda que la mayoría de los habitantes de esta tierra vive por menos de dos dólares al día. Si estás leyendo este libro desde tu teléfono, computadora o iPad, eso te hace rico y opulento en comparación con la mayoría de la población. Si agradeces todo esto a diario, atraerás más de lo mismo a tu vida.

Solía tener un amigo que estaba convencido de que estaba maldito. Todos los días no dejaba de hablar de que nadie lo quería, que era un imán para la mala suerte y que era un perdedor. Como podrás adivinar, su actitud manifestó los resultados esperados de tal mentalidad. Incluso fue agredido físicamente dos veces con días de diferencia, lo cual es una experiencia horrible, pero era como si el universo estuviera concediendo sus deseos. Como si él le dijera al universo "golpéame, soy basura". Al poco tiempo, mi amigo perdió su trabajo, sus amistades, su casa, su novia y básicamente todo lo bueno que tenía. Su estado de salud también empeoró, ya que vivía fumando cigarrillos y tomando alcohol y comía pan con ketchup todos los días. Él podría haber cambiado su vida y prosperado si hubiera cambiado su frecuencia a una de gratitud y felicidad. La verdad es que, cuando estaba de buen humor, era un hombre talentoso, atractivo, divertido, bueno y amigable. Fácilmente podría haber conseguido todo lo que quisiera, pero no es demasiado tarde. Esperemos que aprenda las lecciones de este libro en alguna otra parte y que pueda vivir su vida al máximo sin desperdiciar otro día más. A menudo pienso en la historia de Aladín y su lámpara mágica. Aladín frota la lámpara y aparece el genio. "Tus deseos son órdenes", exclama el genio. De igual manera, el universo escucha tus deseos y pedidos. El universo no es tendencioso y escucha todo lo que le pides. ¿Por qué no le dices lo agradecido que estás por estar libre de celos retrospectivos? Si no te has recuperado del todo, actúa como si ya lo hubieras hecho y comenzarás a sanar desde adentro.

Un libro que recomiendo sin lugar a dudas, si no has escuchado hablar de él todavía, es *El secreto* de Rhonda Byrne.

Algunos ejemplos de afirmaciones de gratitud que digo cada mañana en voz alta son:

"Estoy agradecido por mi salud."

"Estoy agradecido porque mi hijo está sano y es feliz y porque nuestra relación es maravillosa."

"Estoy agradecido por mi profesión."

"Estoy agradecido por mi ética laboral."

"Estoy agradecido por poder alimentar mi cuerpo con comida saludable cada día."

"Estoy agradecido por mi maravillosa relación de pareja."

"Estoy agradecido por mis talentos."

"Estoy agradecido porque vivo en uno de los lugares más increíbles en los que podría vivir."

"Estoy agradecido por tener una buena visión."

"Estoy agradecido por todos los obstáculos que tuve que superar, porque me han hecho más fuerte y me han equipado con inteligencia, poder y nuevas herramientas."

Estos son solo algunos ejemplos, pero diviértete creando tus propias afirmaciones de gratitud. Usa toda tu creatividad y dilas en voz alta con una sonrisa en el rostro. ¡Verás cómo el mundo se transforma frente a tus ojos!

Felicidad a través de actividades

Cuando me pierdo en el placer de las actividades que hago, noto que mi mente no se concentra en pensamientos dolorosos negativos. Es una herramienta que será útil para tu transformación. Ser feliz mientras disfrutas de hacer una actividad que amas te llena de energía, motivación y felicidad. Esa energía será un impulso positivo en tu proceso de sanación; no es una solución temporal para tapar tus celos. El objetivo no es cubrir la herida con una bandita durante un tiempo, tampoco distraernos del problema principal; simplemente es atraer más felicidad y energía a nuestra vida para afrontar nuestros problemas con ganas de vivir. Algunas de las actividades que me dan felicidad y fuerza son tocar el piano, practicar Muay Thai, hacer ejercicio, leer/estudiar y crear arte. Fíjate cómo estas actividades me ayudan a crecer, ya sea aprendiendo a tocar un instrumento musical, mejorando mi estado físico o ampliando mi conocimiento mediante la lectura. Crecer gracias a distintas actividades no es indispensable, pero quizás te entusiasme más, ya que la sensación de progreso y de crecimiento personal nos llena de emoción. Después de "perderme" un tiempo en estas actividades de crecimiento personal, mi mente se renueva y siento una sensación de logro que me da más fuerzas y energía para sobrellevar otras tareas, como vencer a los CR. Estoy absolutamente convencido de que la felicidad es poder verdadero. Una manera de sentirse feliz es bailar entre las formas externas que nos provee el universo y emitir energía positiva hacia otras formas. Una actividad que a nivel personal fue clave para superar los CR fue mantener una rutina de ejercicio. La dosis diaria de endorfinas fue un impulso químico complementario que muchas veces me ayudó a alcanzar estados mentales más pacíficos. Esto me ayudó de gran manera a lidiar con los desencadenantes y los patrones de pensamiento negativos.

Capítulo 8: Busca a los grandes maestros

Una cosa por la que estoy agradecido cada día es el hecho de que tenemos acceso a una cantidad infinita de maestros a solo un clic de distancia. Con solo nuestro teléfono podemos acceder a incontables horas de enseñanzas gratuitas de maestros espirituales, terapeutas, oradores de autoayuda, y más. No hay excusas para no aprender y crecer en los tiempos que corren. Atrás quedaron los días de ir hasta la biblioteca para pedir prestado un libro por una semana o dos. Sin embargo, aún tienes esa opción. A menudo escucho las guías de maestros espirituales, podcasts de emprendedores, o los sabios consejos de algunos Youtubers cuando voy manejando en el auto o cuando entreno en el gimnasio. A pesar de que disfruto escuchar música a diario, siempre me aseguro de mantener un flujo constante de información nueva, útil y positiva para que mi mente y mi programación subconsciente la aprovechen.

Algunos de los maestros espirituales que disfruto escuchar son Eckhart Tolle, Mooji, Adyashanti y Sadhguru. Sus enseñanzas me han ayudado a alcanzar un nuevo estado de conciencia al que mis viejos hábitos negativos no pueden entrar. Encontrar un maestro espiritual que te agrade e incorporar sus enseñanzas a una práctica diaria de meditación es un método infalible para sanar tus CR más rápidamente y permitirte acceder a un estado de conciencia más elevado en el que podrás permanecer el resto de tu vida. Una vez que hayas sanado tus celos retrospectivos, serás capaz de llevar tus herramientas de transformación contigo a donde quiera que vayas en la vida. Tus celos no son lo único que se transformará. Si lo deseas, puedes transformar partes importantes de tu vida. Una vez que veas lo bueno que es transformar el dolor que te causan los celos en energía de vida positiva, seguramente lo harás.

Uno de los libros que cambió mi vida por completo es *El poder del ahora* de Eckhart Tolle. Eckhart nos enseña que no existe ni el pasado ni el futuro, solo el presente. Todas las verdades que descubrí entre las páginas del libro de Eckhart fueron suficientes para cambiar mi vida para siempre y evitar que recaiga en mi antigua forma de ver el mundo. Con el paso del tiempo, esta transformación de vida debilitó el poder que el pasado tenía sobre mí. Había pasado tanto tiempo viviendo en el pasado y tanto más preocupándome por el futuro que había olvidado que todo lo que alguna vez tuve y tendré es el ahora, este preciso momento. Una reflexión simple pero profunda. Aunque no se relaciona directamente con los celos o las relaciones de pareja, *El poder del ahora* de Eckhart Tolle sigue siendo un poderoso aliado en cada desafío emocional o mental que la vida me presenta. Este libro fue una lectura indispensable en mi proceso de recuperación de los celos retrospectivos.

Encuentra un buen terapeuta

Una forma poderosa de descubrir más sobre ti mismo y llegar a la raíz de tus problemas es trabajar con un terapeuta. Es importante que encuentres un terapeuta que te agrade y con quien disfrutes hablar. Tal vez te lleve un par de intentos hasta dar con el terapeuta adecuado para ti. Si te sientes a gusto con el primer terapeuta al que fuiste, quédate con ese. Comprométete a una sesión por semana durante un cierto tiempo. Estoy seguro de que te alegrarás de haberlo hecho. Las sesiones semanales de terapia me ayudaron a entender ciertos problemas de la niñez que seguía acarreando conmigo en la adultez. Me ayudó a ser más consciente de mis viejos patrones subconscientes y de mi autosabotaje. Tus celos retrospectivos son probablemente una manifestación de problemas de la niñez no resueltos. Por ejemplo, mis celos surgían de un arraigado sentimiento de culpa que de modo inconsciente acepté como mi forma de ser en la adolescencia. También tenía traumas sin resolver como resultado de haber sido víctima de un ataque violento hace muchos años. Todo esto era inconsciente, oculto bajo la superficie, y se manifestaba en forma de arranques de energía dolorosa y negativa que saboteaban mi vida adulta. Llegar hasta lo más profundo de mi subconsciente y recordar este incidente de violencia me ayudó a entender por qué no me sentía seguro en público a la noche, incluso después de tantos años. También me hizo darme cuenta de por qué, aún de adulto, me sentía tan débil y frágil. Probablemente nunca habría sacado a la superficie estos problemas no resueltos si no me hubiera comprometido a hacer sesiones semanales de terapia con un terapeuta maravilloso durante un cierto tiempo. Una vez que descubras estos problemas ocultos, debes arrancarlos de raíz. Tu terapeuta te enseñará estrategias útiles para sacar de raíz estos problemas sin resolver. Combina esta técnica con prácticas diarias de meditación y las enseñanzas de un maestro espiritual para crear tu propio trío imbatible, listo para hacerle frente a los CR y alcanzar una versión de ti más feliz y poderosa.

Capítulo 9: Cuando los demás no entienden de celos retrospectivos

En el momento de escribir este libro, los celos retrospectivos parecían ser un problema pasado por alto y poco conocido. Sin embargo, existen recursos fantásticos que puedes aprovechar durante tu recuperación. Durante gran parte de los años que sufrí de celos retrospectivos, cualquier cosa que investigara al respecto provocaba muchos desencadenantes dolorosos y no me ayudaba para nada. A la larga, buscar en línea sí me ayudó a sanar mis celos, así que padecer esos desencadenantes valió bastante la pena. Los desencadenantes son dolorosos pero no te matarán. Concéntrate en el presente y deja que los desencadenantes aparezcan. Como dije al comienzo de este libro, úsalos a tu favor. Estos desafíos están hechos a tu medida y te enseñan a crecer.

Tus CR pueden ser completamente razonables y entendibles para ti, pero no esperes que tus amigos, familiares o conocidos lo entiendan. Es muy probable que no lo hagan. Te harán comentarios inútiles como "bueno, todo el mundo tiene un pasado" o "¿por qué siquiera pensarías en el pasado de tu pareja?". En el mejor de los casos, solo te brinda un rápido alivio. Pero no te preocupes; no necesitas que todo el mundo lo comprenda. Lo único que importa es tu propia recuperación y esto solo puede ocurrir dentro de ti. Ningún comentario de alguien que no haya pasado por tu situación podría lograr un cambio. Lo que definitivamente ayudará a lograr ese cambio es seguir los consejos y pasar a la acción en los ámbitos de tu vida que están descritos en este libro y en otras fuentes confiables. Mis amigos y familiares pensaban que había perdido la cabeza cuando les decía que el pasado de mi pareja me trastornaba. Recuerda, si los demás no han sufrido de CR, jamás lo entenderán por completo. Debes comprender que están haciendo lo mejor que pueden con la información y los recursos que tienen a su alcance.

Seguramente sentirás la necesidad de hablar sobre los celos retrospectivos con tus amigos y familia de vez en cuando. Esto se debe a la naturaleza obsesivo-compulsiva de los celos. Intentarán captar toda tu atención tan seguido como puedan. Si es posible, evita esta trampa tan astuta. A menudo resulta en más desencadenantes y más pensamientos con los que tus CR se regodean y se nutren. El truco para el éxito está en soltar todos los pensamientos de celos a medida que aparecen. Esto hace que los celos no tengan de qué alimentarse y su poder disminuya. Cuando sufría de celos retrospectivos, sentía como si un demonio pedía a gritos toda mi atención día y noche. A medida que lograba un progreso con la meditación y los desencadenantes, el demonio se encogía más y más, porque no tenía cómo alimentarse y crecer. Ya no le servía en bandeja de plata toda una variedad de pensamientos intrusivos, sazonados con celos y con guarnición de desencadenantes. Con el tiempo, el demonio se encogió tanto que parecía más un duende que me pisaba el pie para llamar la atención. Tiempo después fui yo quien aplastó al duende y conseguí la tan ansiada olla de oro; una vida libre de CR con todos sus beneficios. Curarme de los celos logró en mí un despertar espiritual, una fortaleza mental y física mejorada, una nueva ética laboral y un yo mucho más amoroso y emocionalmente inteligente.

Hablar de los celos retrospectivos con tus seres queridos es uno de los viejos trucos que los celos tienen bajo la manga para conseguir más alimento. Mientras más hablas de los CR, más poder les das. Te empiezas a cansar del sufrimiento y eso te lleva a buscar alivio en otros lugares. Intenta ser fuerte y evita hablar de los celos retrospectivos lo más que puedas fuera de las sesiones de terapia o con otras personas que hayan sufrido de celos retrospectivos. Esto no quiere decir que no debes buscar consuelo en tus seres queridos en un momento difícil; simplemente debes ser consciente de las trampas y trucos de los CR para lograr que los alimentes. A medida que comiences a ser más consciente de estas estrategias, incluso te dará risa lo tontos que son esos intentos. Tal vez te impresione su intelecto estratega de jugador de ajedrez. Solo recuerda que ese intelecto eres tú. No puedes ser más astuto que él porque eres tú. Pero si tus celos son tan astutos e inteligentes, entonces tú también lo eres, porque de hecho es un producto de tu propia mente. ¡Imagina un mundo en donde todo ese intelecto y esa astucia pudieran ser usados para algo positivo! Tómate un momento e imagina todo lo que podrías lograr cuando tranformes todo ese ingenio, esa energía y esa tenacidad de los CR en una salida creativa positiva. Una vez que toda esa energía dolorosa se transforme en poder de motivación, serás una fuerza imparable. Creo que la verdadera causa de los celos retrospectivos es la manera que tiene el universo de obligarte a evolucionar y crecer. Si lo miras de este modo, tus celos se convierten en un regalo caído del cielo, solo para ti.

En resumen, no debes preocuparte si tus seres queridos, tus amigos o tus familiares no entienden qué son los celos retrospectivos. No tienen que hacerlo. La respuesta está en tu interior. Tú tienes el poder para desatar tu fuerza de vital sanadora y trabajar para lograr un cambio permanente y positivo.

Capítulo 10: Lidiar con las consecuencias

Pide disculpas

Después de superar los celos retrospectivos, una parte importante del proceso involucra perdonarte a ti mismo por los daños que hayas causado y las acciones de las que tal vez ahora te arrepientes. Esto no significa que no aceptas la responsabilidad de tus acciones pasadas, sino que estás listo para cambiar y ya has eliminado tus patrones destructivos. Tal vez actuabas solo como te lo permitía tu conciencia, y en ese momento tu conciencia estaba en un estado de trance inducido por los desencadenantes. Sufrir de celos retrospectivos no es ni fue tu culpa, pero es tu responsabilidad reparar cualquier error que hayas cometido. Debes perdonarte a ti mismo. Debes pedirle disculpas a tu pareja y a los demás por las cosas feas que puedas haber dicho o hecho a quienes quedaron en medio de tus arranques de sufrimiento. Sin embargo, asegúrate de pedir disculpas cuando estés en un punto en el que no te sentirás más provocado. Si no estás listo, puedes causar una confusión innecesaria y excesiva si nuevos desencadenantes arruinan tus intentos de disculpas. Debemos hacer un trabajo duro interno para eliminar a los desencadenantes antes de embarcarnos en el camino del perdón. Quizás sientas una nueva sensación de energía positiva una vez que hayas pedido disculpas a quienes hayas herido. Esto será gracias al cierre que obtendrán tú y las personas afectadas, sumado a la emoción de comenzar de nuevo y dar vuelta la página. Que las personas a quienes has herido te perdonen es un regalo poderoso y transformador que puedes usar en tu propio proceso de sanación. Más adelante en la vida, te alegrarás de haberte tomado el tiempo para reparar esas amistades y vínculos y las personas con quienes te has disculpado seguramente también estarán agradecidas. A nadie le gusta tener energía tóxica sin resolver cerca de su aura o su mente consciente o inconsciente.

Cuando los demás no aceptan tus disculpas

En algunos casos, un amigo, pareja o familiar puede no aceptar tus disculpas según lo extrema que fue tu lucha contra los CR, lo intensos que eran tus arranques o qué tan hirientes fueron las palabras que dijiste. Esa es su decisión; debes respetarla, así como debes respetar su tiempo para sanar. Sin embargo, no te preocupes. El tiempo puede sanar todas las heridas y, si le das la oportunidad, eventualmente esa persona verá tu transformación con sus propios ojos. Una vez que sueltes el volante y te des cuenta de que no puedes cambiar las opiniones ajenas sobre ti, serás capaz de darle a esa persona tiempo para pensar, sin intentar controlar o manipular la opinión que tiene de ti. Esto no significa que debes pedir perdón y desaparecer, sino que debes darle todo el tiempo y espacio necesarios sin intentar controlar lo que sienten por ti después de haberle pedido disculpas. Cada tanto ponte en contacto con esa persona, siempre y cuando no te hayan dicho que prefieren no hablar más contigo. Tal vez descubras con el tiempo que sus intentos por sacarte de su vida y guardar rencor es más tedioso que darte otra oportunidad. Esto puede hacer que poco a poco te acepten de nuevo y que vuelvas a estar en su vida. Por otro lado, si dejan bien en claro que no quieren verte más y que le has causado demasiado daño, debes aceptar por completo su decisión. Toma esto como una lección de vida y como señal de que debes vencer los celos de una vez y para siempre, para no perder más personas importantes a lo largo de tu vida por culpa de estos demonios sin resolver. Dejar ir y seguir adelante puede ser angustiante, en especial cuando sabes que no puedes reparar errores de los que es responsable una versión pasada de ti mismo. Sin embargo, debes usar ese dolor como el fuego que encienda la creación de la futura mejor versión de ti mismo. Puedes convertirte en esa persona hoy mismo si te plantas y tomas la decisión correcta. También debes perdonarte a ti mismo. La relación más importante que tendrás a lo largo de tu vida es contigo mismo. Eres la única persona que jamás se irá de tu vida. Asegúrate de alcanzar un estado de perdón y paz todos los días de tu vida que puedas.

Capítulo 11: La vida después de los celos retrospectivos

¡Felicitaciones! Si has llegado hasta aquí, es muy probable que hayas incorporado un montón de información y técnicas útiles y estás avanzando en el camino para dejar atrás los celos retrospectivos para siempre. Si aún no sientes que estás librándote de los CR, no te preocupes, tal vez necesitas volver a algunas secciones de este libro, leerlas de nuevo e implementar las medidas necesarias para lograrlo. Es fundamental que pongas en práctica los ejercicios y técnicas que menciono a lo largo de este libro; si no, tu progreso no tendrá el impulso que necesita para acelerar tu recuperación. Las afirmaciones que aparecen aquí te servirán para reprogramar tu subconsciente. Esta será una de las herramientas de transformación que cambiará la manera en la que te percibes. Programar la mente subconsciente tiene el potencial de mejorar todos los aspectos de tu vida. También es extremadamente importante que aprendas a enfrentar los desencadenantes. Debes mantener la concentración, hacerte presente cuando aparezca un desencadenante y no involucrarte emocionalmente con él. Déjalo que se pierda en medio de los efímeros y chirriantes rieles de tu tren de pensamiento.

Seguramente habrá días en los que te sentirás agobiado por los celos retrospectivos y los desencadenantes que los acompañan. Tal vez sientas que no has progresado nada y te sentirás triste porque los desencadenantes te han provocado una vez más. No te preocupes; esos días son oportunidades para volverte más fuerte y capaz a la hora de enfrentar los desencadenantes. Recuerda, si no puedes sentirlo, no puedes sanarlo. Siéntete agradecido por esos días difíciles que arrancan los celos retrospectivos que quedan en tu ser. Atraviesa estos días como si estuvieras quitando de tu cuerpo todos tus celos. Quizás de vez en cuando tengas una recaída y te sientas provocado, pero recuerda lo que mencioné al comienzo de este libro; yo estoy 100% libre de desencadenantes y ya no sufro más de CR. No queda nada y puedo estar tranquilamente en la misma habitación que un ex de mi pareja (y lo he estado) y no siento nada de celos. Creo que tú también puedes lograrlo, al igual que toda persona que sufre de celos retrospectivos, con tiempo y mucho sacrificio.

El universo te pone a prueba

Tal vez te encuentres en situaciones nuevas que supondrán un desafío para ti y para tus habilidades de resiliencia, llegando a límites impensados. A medida que te haces más fuerte, los desafíos que te presentará el universo serán cada vez más difíciles antes de lograr sanar tus celos. ¡Esta es la manera que tiene el universo de decirte que todavía hay trabajo por hacer! Te explicaré con un ejemplo que el universo mismo me presentó.

En mis ataques de CR sufría a más no poder y acumulaba todo ese dolor en mi pareja, intentando sacarle información sobre sus relaciones pasadas. Cada vez que ella mencionaba a algún amigo, de inmediato comenzaba a interrogarla, para intentar averiguar si algo había pasado entre ellos. Descubrí que ella estuvo en una relación con un amigo en particular. El dolor era insoportable. Como tu cuerpo y tu mente no pueden diferenciar entre una situación real y una imaginaria, sentía como si ella me estuviera engañando en ese momento, pero no era así. Pasaron los días, me embarqué en un nuevo proyecto laboral y debía viajar por el país. Mientras hablaba con un colega de los miembros del equipo de ese viaje, me enteré de que iba a viajar en autobús por el país con ningún otro que el exnovio mencionado anteriormente. "¿Qué probabilidades hay?", murmuré por lo bajo. De todos los hombres de toda la ciudad, tenía que ser el exnovio de mi pareja (más tarde me daría cuenta de que, a pesar de todo, verme en este aprieto era la forma que tenía el universo de decirme que todavía había mucho trabajo por hacer). Mi peor pesadilla se había vuelto realidad; debía compartir un viaje con un hombre con quien mi pareja había estado en una relación en el pasado. Su nombre era Tim. El hecho de que tuviera que pasar tanto tiempo en el mismo lugar con Tim casi hace que termine mi relación con ella ahí mismo. De una manera sutil le hice saber a mi pareja los detalles del viaje y los integrantes del equipo y su rostro se transfiguró. Ella sabía lo que podía suceder. Pasaron varios días de viaje y había logrado reprimir mis ganas de hacer preguntas maliciosas a mi nuevo colega y así alimentar mis CR directo de la fuente. Estaba sorprendido y orgulloso de mí mismo, aunque el verdadero propósito de reprimir mis ansias era para no pasar vergüenza frente a mis colegas y no parecer inseguro. A medida que fui conociendo a Tim, me di cuenta de que no era ese macho rudo, fuerte, poderoso y superior que había imaginado en mi mente. Pude ver con mis propios ojos que era un ser humano con los mismos miedos, inseguridades y complejos que todos podemos tener en algún punto de nuestras vidas. Fue la evidencia tangible de que mi imaginación y mis pensamientos de celos no se basaban en la realidad. Las imágenes que creaba mi mente eran reflejos de mis propias inseguridades y no surgían de los hechos reales. Si mis imágenes mentales de celos estaban tan equivocadas en este caso, entonces ¿qué tan falsas eran las demás suposiciones sobre los exnovios de mi pareja y sus encuentros íntimos? Comencé a ver la mentira detrás de estas imágenes provocadas por los CR y a adivinar la intención detrás de los juegos de mi propia mente. Todas las apariciones de mis CR tenían una falla evidente por donde la lógica tangible y la información recabada en la vida real comenzaron a destruirlos. Ser consciente de todo esto contribuyó poderosamente a mi batalla contra los CR. Tim era respetuoso, amable y amigable. Era callado, relativamente inseguro (algo que mi mente infestada de celos jamás hubiera imaginado) y buen compañero de trabajo. Le gustaba ir al gimnasio, lo cual al principio hizo enervar mis celos y me provocó mucho pánico e inseguridad. No solía hacer mucho ejercicio y mi cuerpo no estaba en su mejor forma. Había encontrado un punto de comparación al que mis celos podrían aferrarse. En lugar de ahogarme por completo en la impotencia, decidí ir junto con Tim al gimnasio mientras seguíamos en viaje. Él me mostró su rutina de entrenamiento: cuántos minutos de cardio hacía, sus ejercicios de pesas, etcétera. Comencé a incorporar estos ejercicios en mi vida cotidiana y empecé a sentir un placer que no había sentido en años. El ejercicio físico liberaba endorfinas y cambiaba mi estado de ánimo para mejor. Con el tiempo, Tim y yo nos hicimos amigos y comencé a ir al gimnasio. Para el final del viaje, había descubierto tantas cosas sobre mí mismo, sobre la mentira de los CR y sobre compasión y empatía. Ya no vería a los exnovios de mi pareja como amenazas, sino como simples seres humanos, con las mismas necesidades y deseos que el resto de nosotros. Esto transformó mi vida por completo. Tim me había enseñado tanto sobre el ejercicio que hasta el día de hoy sigo yendo al gimnasio todos los días. No lo cambiaría por nada del mundo, porque mi entrenamiento físico se ha convertido en una parte importante de mi vida. Estaba obligado a pasar varias semanas lidiando con desencadenantes literalmente frente a mis ojos; era el desafío definitivo, pero salí airoso y mi relación con Sarah estaba intacta, con solo algunos tropiezos provocados por los celos a lo largo del camino. Mi estado físico y mental estaba en su máximo esplendor. Tiempo después del viaje, me di cuenta de que pasar por una situación así, por increíble que parezca, fue una de las mejores cosas que me podrían haber pasado en la vida. Si podía superar lo que en un principio parecía una situación de terror, entonces podía superar cualquier cosa que los CR me arrojaran. Le doy gracias al universo por haberme puesto en esa situación. Si te encuentras en una situación similar, en las que se pongan a prueba tus habilidades para lidiar con los celos, simplemente sonríe y di gracias al universo. Gracias por darme exactamente lo que necesito cuando lo necesito, sin importar lo doloroso que sea. ¡Gracias por demostrarme que aún hay mucho más trabajo por hacer! Dile que sí al universo. Dile sí al increíble flujo de vida que aún no llegamos a comprender. Decirle sí al flujo de vida inteligente del universo es uno de tus recursos más importantes. Todo está dentro de ti.

En conclusión

Tengo la esperanza de que tú, lector, hayas encontrado en este libro la inspiración positiva necesaria para lograr superar los celos y transformar tu sufrimiento en energía. Esta transformación provocará un cambio maravilloso en todos los aspectos de tu vida. Tendrás acceso a tantas posibilidades que por culpa de tu estado emocional no habías tenido. Recuerda que no importa lo difícil que parezca, no importa cuántas ganas tengas de rendirte y ahogarte en la desesperanza, no importa lo imposible que parezca la sanación, escribí este libro para ti como víctima de los celos retrospectivos que ahora está 100% curado. Tú puedes lograr lo mismo. La clave para tu progreso y sanación está en tus manos. ¡Aprópiate de ella y toma el control! No pierdas más tiempo confinado entre los síntomas catastróficos de tu inseguridad. ¡Es momento de progresar y vivir tu vida! Disfruta cada día, cada segundo. Vive el presente y admira toda la belleza que te rodea. Eres una fuerza positiva eterna. Yo creo en ti. Ahora debes creer en ti mismo. ¡Buena suerte!

¡Bonus!

¿No te gustaría tener aún más motivación, inspiración y valor en tu camino hacia una vida libre de celos retrospectivos? A modo de agradecimiento desde lo más profundo de mi corazón, te concedo acceso GRATUITO a un audio de meditación guiada de diez minutos (en inglés). La gratitud es la clave de toda la abundancia y la alegría en tu vida y se manifiesta en una plétora de amor y luz. Practicar esta meditación ha enriquecido mi vida de gran manera y ha sido una pieza clave para librarme de las cadenas de los celos retrospectivos. Sé que hará lo mismo por ti.

¿Te has cansado de los desencadenantes y el sufrimiento en tus relaciones?

- Destruye los patrones de pensamiento negativos con el poder de la gratitud

- Sana tus conflictos internos y líbrate de los celos retrospectivos

- Enriquece tu relación de pareja para volver a disfrutar de la vida

Haz clic aquí para obtener tu meditación guiada de 10 minutos en formato MP3 ¡GRATIS! (En inglés):

bit.ly/retroactivejealousymp3

Esta meditación me ha ayudado inmensamente cuando sentía que no tenía control sobre mis celos retrospectivos y se adueñaban de mi vida. Sentir gratitud por todo lo hermoso que ya tenía en mi vida me libró del sufrimiento y atrajo más cosas maravillosas. ¡Sé que estas palabras te servirán de guía para encontrar tu libertad y tu destino con valentía y determinación!

Por favor, deja una reseña

Desde lo más profundo de mi corazón, quiero agradecerte por haber leído este libro. Realmente espero que te ayude a librarte de los *celos retrospectivos* y a vivir una vida más feliz y empoderada. Si te ha sido de ayuda, me gustaría pedirte un favor. ¿Serías tan amable de dejar una reseña de este libro en Amazon? Lo apreciaría muchísimo y sé que tendrá un impacto en las vidas de otras personas que sufren de *celos retrospectivos* en todo el mundo y les dará esperanzas y sanación.

Ellas sufren, al igual que tú y yo hemos sufrido, y podemos ayudarlas a superarlo juntos.

Leo **TODAS** las reseñas que recibo y cada una de ellas me ayuda a ser un mejor escritor, más informado y compasivo.

¡Muchas gracias y buena suerte!

Ryder Winchester